국가는 폭력이다

법은 권력을 위해 어떻게 복무하는가

국가는 폭력이다

법은 권력을 위해 어떻게 복무하는가

박종성

인간사랑

프롤로그

볼 수도 없고 만질 수도 없는 데 엄연히 '있는' 게 있다. 색깔도 냄새도 드러나지 않지만 온몸으로 느끼고 살갗으로 전해지는 기운이 선명한 까닭이다. 묘연하다 못해 도드라지는 경우도 흔하다. 언제 어느 때 그리 되었나 알 수는 없어도 속도와 방향은 물론 온도마저 처연히 자각하게 만드는 모종의 '흐름' 같은 것. 정치질서다.

고여 있는 물처럼 얼거나 증발할는지 모른다. 무정형의 겔Gel처럼 정체 묘사가 난감할 때도 있으리라. 속이 보이는 듯해도 속내는 애매하며 정색하고 파고들긴 또 난감하기 때문이다. 그래도 제 윤곽과 이름을 갖추며 일정 기간 주어진 생명력을 유지하는 것도 사실이다.

질서의 오묘함이란, 특히 정치질서의 기이함이란 변화무쌍하고 예측불가인 데다 오리무중인 일회성에 핵심이 있다. 내다보는 눈이 늘 맞기만 하다면 인간의 교만함만 더할 것이고 한번 드러난 현상이 앞으로도 그러리라 다짐할 수 있다면 정치적 긴장이란 단어는 진즉에 없었을 터다. 영특한 동물의 이름이 '사람'인 줄이야 익히 알고들 있지만 사정없이 취약하고 덧없으며 믿지 못할 존재인 것도 어제 오늘의 일은 아니지 않은가.

정치질서는 정치적 생활세계의 '흐름'이다. 시작도 없고 끝도 애매하며 어디서 다시 이어지고 모습을 달리하는지 따지자면 알 수가 없다. 위를 향해 치받는가 하면 아래를 겨냥하며 휘몰아치기도 한다. '질서'의 주체는 고정적이지 않고 어느 한쪽이 독점하도록 기울지도 않는다. 폭력의 외피를 빌릴 때 거칠게도 드러난다. 서로가 서로를 밀칠 때, 전혀 새로운 기류를 만들기도 하는 질서는 권력부문과 민중부문 가리지 않고 곳곳에서 반복 발생한다.

일정한 힘과 속도 혹은 자기만의 방향성을 지닌 채 제 온도를 유지·재생하는 에너지의 창고로 정치질서는 있는 대로 사람들을 불러모으며 고스란히 사로잡거나 여지없이 흩어지게도 만든다. 누군가 주인이 따로 있어 견고히 관리·조종하거나 보이지 않는 힘으로 거머잡는 것도 아니어서 '흐름'의 정치는 불가사의한 기운으로 엄존한다. 있는가 하면 어느 새 사라져버리고, 없는가 싶지만 언제든 다시 또렷한 형체를 드러내는 정치의 생명이자 자원이다.

정치질서는 여론의 외피를 빌릴 때가 많다. 하지만, 특정한 성격과 일정 수준의 온도를 드러낼 때까지 그 흐름은 대개 무정형無定形하며 무채색이거나 무질서하다. 없는 듯 있고 있는 듯 소멸하는 질서는 결국 자체의 확장성과 극단성을 드러낼 때 객관적 지각대상이 되는 경우가 흔하다. 정권의 가장 큰 존재이유인 정치적 모럴리티를 상실하거나 문제해결능력을 잃어 국민적 지지마저 철회할 경우, 질서의 변화는 혁명의 모습을 취하기도 하고 투표에 의한 권력교체를 되풀이하기도 한다.

그런가하면 혁명적 변동의 기미를 알아차리고 이미 악화된 민심과 틀어져버린 질서의 꼬투리나마 기왕의 정치적 주도권 아래 붙잡아 매어두려 억압을 기정화하는 경우도 얼마든지 가능하다. '독재'와 '전제'로 기억하는 기왕의 온갖 비민주적 발상은 물론, 이를 강제로 지탱·운용하기 위한 무리한 지배전략을 배양·숙성시킨 묘판苗板도 거기서 궁리할 수 있었던 터다. 이른바 '국가폭력'이란 용어가 등장한 것도 정치의 시대가 빚은 작위적 통치와 그에 대한 지적 반발의 결과였을 것이다.

반정부인사들에 대한 추적과 감시, 투옥과 고문은 물론 정체불명의 죽음에까지 이르는 온갖 무리수와 강제권력 사용이 이 같은 국가폭력의 산물이라면, 암살과 테러 혹은 특정인을 향한 겁박과 공개살인 등은 민중폭력의 선별적 극한 사례들로 주목할 것이다. 아래에서 위를 향한 집단적 정치행동들은 다양하게 전개되는 시위와 항의로 부터 권력구조와 계급구조가 동시 붕괴하는 사회혁명에 이르기까지 폭넓게 펼쳐진다. 이른바 '민주화'란 민중폭력의 정치적 적합성이 사회적 제도화 과정에 성공하여 정치질서의 형식과 내용을 동시 결정하는 지속적 절차를 뜻한다고 이해할 것이다.

'민주화'는 완성적 개념이 아니다. 의미의 완결성도 담보하지 않는다. 그것은 차라리 민중폭력의 지속적 세련화 과정에서 빚어진 잠정적 결과물이거나 이제는 끝나버린 정치변동의 신화적 잔재인 양, 순간적 착시와 오해가 연출한 '의미의 종점終點'처럼 내면화되기도 한다. 그렇지 않고서야 권력을 교체하기 위해 광기와 탐욕을 앞세운 기습적 쿠데타가 어찌 가능하겠으며 민중 내부의 정치불만과 사회경제적 불안을 다스리려는 폭력의 교환과 반복이 있을 수 있겠는가 말이다.

정확히 따지자면, 정치질서는 극단의 두 폭력이 서로 충돌하거나 때로 한 쪽이 다른 쪽을 흡수하여 압도적 우위와 힘의 장악에 따른 결과로 나타날 수 있다, 경우에 따라서는 둘이 가차 없이 맞부딪치며 만들어내는 상호 긴장과 물리적 압박의 결과물로 볼 것이다. 게다가 그 강제적·자연적 균형의 메커니즘으로 이해할 수도 있다. 압박과 긴장의 균형은 당장의 힘의 우위에 따른 정치적 승패보다 장차 전개·등장할 상황의 예비를 위해서도 서로의 부담이 된다.

평상시 승패의 변인은 선거를 통한 표의 부피다. 하지만 정치질서 형성의 압도적 자원은 늘 상대를 향한 잠재적 압박 가능성과 그 확장성 여부에 있다. 불만이 있다고 항상 혁명의 사회화만 외칠 수 없고, 세상이 불안할망정 항시 압박과 불의를 견디고만 있을 수도 없다면 민중을 향한 국가의 제도적 권위와 국가를 겨냥하는 민중의 집단적 행동가능성은 서로의 정치자원이자 긴장 변수가 될 수밖에 없다.

압축하건대 암살과 테러, 쿠데타와 혁명, 억압과 단속, 투옥과 고문, 린치와 음해, 비난과 공격, 구타와 상해 등은 정치질서의 형성과정에서 등장·분화하는 극단의 사례들로 상황의 변화를 유도한다. 그렇다고 해서 이들 변수가 반드시 질서형성의 필요충분조건으로 작동하는 건 아니다. 이들은 새로운 흐름을 만들어내는 원인이자 결과이며 특히 폭력적 속성을 공유한다는 점에서 속도와 강도의 단순성을 특징으로 삼는다. 모두가 이 같은 성격을 나눠갖진 않아도 대부분의 정치질서는 암묵적 폭력과 구조적 파괴력을 함축한다는 점에서 늘 고요하거나 평화적이지 않다.

형식과 내용은 다르더라도 국내 정치질서의 변화는 국제관계의 정치동학을 거울로 삼는다. 권력부문과 민중부문 서로가 상대를 향한 압박과 긴장의 잠재력을 자원화하듯, 국가와 국가의 관계는 전쟁과 평화의 변증법을 골자로 삼으며 서로의 갈등구조를 지탱한다. 다시 말해 국가와 민중이 상호 견제와 긴장의 균형을 질서창출의 자원으로 삼듯, 국가와 국가가 전쟁억지수단으로 그들 사이의 공포의 균형에서 출구를 찾는 이치와 같다고 볼 것이다.

중요한 건 정치질서형성의 시·공간 차이와 다름이 아니다. 누가 언제 어디서 왜 그 같은 흐름에 압도되고 한사코 그에 올라타는지 먼저 따지려는 기회의 정치학보다 정치의 주요 당사자들로 국가와 민중의 집단견제는 물론 상호통제와 지배의 사회심리학이 선행한다는 것이다. 상대의 존재를 부담스럽게 인지하고 그들의 기운이 자신을 다스리려는 정도와 방향 혹은 그 속도의 심리변화를 자각하며 그에 조응해야 한다는 상대적 예지叡智력 크기가 먼저라는 점이다.

정치폭력을 경험한 집단기억은 '부피의 학습'에 익숙해진다. 일상으로 되풀이하는 통제의 사슬은 불편하거나 참담한 고통의 원인으로 자각조차 못하게 되는 경우도 허다하다. 죽음의 가스실을 향하는 기차에 무작정 유태인들을 싣는 아돌프 아이히만의 행동이 그랬다. 그것이 단지 명령에 길들여진 군사관료의 관행이자 기계적 반복이었음을 자각한 한나 아렌트가 '악의 평범성'에 방점을 찍은 것도 실은 감동적이거나 돌팔매를 날릴 일은 아니었다. 그 지경까지 무릅쓰는 인간의 모진 처지와 악의 조건에 길들여진 채 극구極口 삶에 충실하려 한 집단의 인내에 눈길이 가도 한 번 더 갔던 터다.

죽음에 임하면서도 긴장하고 절멸의 상황에서도 삶의 성실성을 지키며 스스로를 잃지 않으려 경계하고 자각하는 인간 아닌가. 하물며 간섭 없이 깨어있고 성가신 사슬 없는 숱한 인간들의 자기검열능력과 민주적 사고력 까지랴. 서로가 서로를 의식하게 만드는 힘은 결국 존중과 배려의 정치로 거듭나야 했을 것이다. 그렇게까지 나아가진 못하더라도 극한의 정치적 자기중심성만큼은 늘 경계하고 멀리할 대상이었을 것이다. 하기야 이익과 가치의 공유를 먼저 염려하고 공익과 배분의 정의부터 사려 깊게 따지고 실천하는 동물의 이름이 어찌 '인간'일 수 있었을까.

왕이 백성의 도발을 염려하여 스스로 옷섶 여미는 역사를 보면 '민주화'는 반드시 오늘의 세상에서만 통용할 '닫힌' 개념은 아니었을 것이다. 죽음을 두려워하여 내지른 탄식과 신분사회의 저주어린 불만이 제아무리 컸어도 새로운 세상이 다가오고 있다는 믿음 하나만 분명했다면야 어찌 서슴지 않을 양반이요 몸부터 사리기만 할 천민이었을까. 장차 분노할 백성이 두려워 먼저 경각하는 군왕의 시대가 태평성대였다면, 함부로 대해도 괜찮으리란 교만으로 하늘빛과 태양을 가리려 하였음은 패악한 군주의 죄 치고는 더없는 죄악이었을 것이다.

민주화란 결국 상대의 존재를 귀히 여기려는 의식적 진지함과 물리적·육체적 예의의 집단적 내면화 과정에 다름 아니다. 상대가 눈앞에 없더라도 생활로 체화하며 의식적 공손함을 넘어서는 삶의 절도節度가 세상 곳곳에 자리 잡는 절차였다고 이해해야할 것이다. 당장 다투지 않는다 하여 평화가 시작하는 게 아니라 '멈춤' 속에 재현이 있고 언제든 다시 싸울 계기가 마련된다고 보는 것이 국제관계의 긴장을 이해하는 방식일 것이다. 하여, 다툼 없을 때 갈등의 여지를 더 줄이거나 상대를 이해하려고 노력하는 게 전쟁 재개를 피할 상책임을 모두가 헤아릴 터였다.

군왕과 조정을 다스리는 궁극의 힘이 백성에게 있음은 굳이 민란이나 의적의 도발로 지각할 사단이 아니었다. 상대 없이 자신이 존재할 수 없다는 자각은 정치적 겸허의 출발이자 끝이었던 까닭이다. 마찬가지로 민중의 일탈과 저항이 늘 정치적 적합성을 지니거나 도덕적 추종의 동원력을 뽐낼 수 있었던 건 아니다. 도적과 의거는 달랐고 혁파와 분탕질은 같지 않았다고 보아야하기 때문이다. 섣부른 저항이 단속과 가둠의 규범논리를 부르듯, 정치적으로 영글지 않은 비판은 체제에 대한 공격과잉은 물론 격리와 억압의 계기가 되는 곡절도 역사는 오롯이 기억한다.

세상이 변하여 신분은 사라지고 몸에 밴 복종과 일방적 굽힘이야 사라졌지만, 권력과 민중을 가르는 잣대는 어김없는 게 정치적 생활세계다. 정당성을 잃은 권력이 민중의 집단행동으로 무너지거나 뒤바뀔 수 있다 하여 모든 저항이 곧 적합하거나 정의로운 건 아니다. 권력은 민중의 거역으로 교체할 수 있지만, 체제는 민중의 일탈을 끊임없이 감시·관찰하고 자신의 존재이유를 제도적으로 각인함으로써 권위적 정착의 온갖 메커니즘을 정치적으로 계발한다. 그것을 비굴한 추종의 정치와 구분하고 자발적 이행과 실천의 관행으로 받아들일 때, 이른바 '질서의 정치'는 상호압박의 부담을 이겨낼 수 있었다.

그처럼 역사는 흘러 오늘의 정치적 긴장과 대립 역시 견딤과 버팀의 이유를 양산한다. 그래서 체제의 질서니, 공동체의 갈등구조니 하는 말들도 어렵게 따지거나 배격할 일이 아니었을 것이다. 문제는 국가폭력의 여전한 비민주적 관행과 이를 알고도 외면하는 권력의 행태(였)다. 정치지배세력은 특히 '국가가 폭력'임을 애써 부인하거나 그 아류의 통치공학에 편승함으로써 자신들의 안위와 이익을 지속적으로 누리는데 우선 가치를 둔다.

권력이 집착하는 기이한 핑계는 '세상의 질서'(였)다. 무엇보다 국가의 안녕을 앞세워 안보장사에 열을 올리는 역대정권의 반복적 통치공학은 사법권력을 내건 민중통제와 이를 장기적으로 기정화·제도화하려는 관행적 판단의 고착화 과정으로 구체화한다. 안 그래도 유순한 민중을 더 착하고 말 잘 듣는 기계적 존재로 순치馴致시키려는 계산과 권력을 옹위하는 자들의 집단적 사고가 빚은 결과다. 더 오래, 더 넓게 이를 지탱하려는 '집단적 사고' 안에는 훨씬 더 음험한 생각들이 숨어있었다.

군부정치체제와 민간정치세력의 지배연합은 이익의 균점과 확장이란 가치를 공유한다. 공존의 세월도 짧지 않았다. 재문민화 이후의 민주화 과정 역시 허구와 내면의 모순을 극복하지 못하였음은 치명적이다. 민주화가 마치 자기 완결적 개념인 양 생각하는 오류도 문제지만, 재문민화를 민주주의의 완성이나 합리적 복원처럼 이해하는 자동적 등식논리도 한계였기 때문이다. 아울러 그 같은 변화가 구체제의 모순을 당장 폐기할 것이라는 기대 또한 얼마나 위험하고 성급한 것인지 헤아리는 데에는 그리 오랜 시간이 필요치 않다.

해방 후 역대 정권들에게 '국가보안법'과 '집회 및 시위에 관한 법률'은 '짐'이다. 뿐만 아니라 '힘'이다. 민주화의 완성이란 명분을 충족시키려면 무엇보다 먼저 민중통제와 정치억압은 물리적으로 최소화해야 했기 때문이다. 아울러 체제를 공격하고 격렬하게 정권을 비판하는 민중의 단속을 위해 궁극적 격리와 징벌의 정치성을 강화하기로 이만한 도구도 더는 없었다. 민주화의 관리비용으로 분단비용을 상시 교환하거나 과잉청구하려 한 정권차원의 사법적 모순은 심지어 정치민주화를 창출·주도한 자들의 권력운용과정에서도 어김없었다. 지치지 않는 민중을 조이고 겁주는 폭력수단으로 이를 대체할 방법은 따로 없었던 것이다.

질서를 유지하고 가능한 한 넓히기 위해 정권에 대한 도발이나 전복적 기류는 막아야 했다. '악마는 디테일에 있다The Devil is in the Details'든지, '악마는 디테일에 숨는다'는 영어속담은 여기서도 의표意表를 찌른다. 본디 악마의 '자리'에 '신'이 있었다는 진담도 귀담아 들어야 하지만, 단어를 바꿔도 능히 '말이 됨'은 정치적 삶의 적실성을 반증하는 또 다른 예다. 겉으로는 민주주의로 무장·수식하지만, 거의 모든 정권의 정치적 속내가 부담스러운 건 아래로부터 위를 향한 한결같은 저항과 그 물리적 근거로 시위를 비롯한 집단행동의 잠정적 압박 때문이다.

사법권력을 앞세운 정치권력의 통치공학이 정권의 성격을 규정할 유일 요인은 아니리라. 역사의 부끄러운 변인이라 말할 요소들을 이들 모두가 끌어안는다 해도 정치분석에서 피치 못할 '결정론'은 따로 마련하기 힘들다. 하나로 전체를 말할 순 없으되, 그 하나가 치욕이요 부당함의 온상이라면 '욕辱됨'의 세계를 바로보아야 할 책무는 시대를 기억하고 버틴 이들 모두의 몫으로 돌아간다.

해방 후 오늘에 이르도록 법 적용규모와 대상의 차이는 있을지언정, 국가보안법 자체를 폐기하려는 정치권력의 파격적·전향적 실천은 단 한 차례도 없었다. 분단구조의 상황적 엄중함이라는 명분과 민중부문의 기왕의 정치저항에 담긴 부담을 모호하게 섞는 권력의 처지란 뭘까. 서로를 구분하지 못해서일까, 아니면 일부러 그리하지 않으려는 계산 때문일까. 역대 정권의 대응이 선택적 의지의 결과인지, 아니면 능력의 차이인지 가리려는 뜻은 곧 책을 꾸리려는 생각과 맞닿는다.

『한국정치와 정치폭력』(2001) 이후 국가폭력의 흐름을 통계로 읽도록 이끈 이는 따로 있다. 국회입법조사처의 형혁규 조사관이다. 책의 절반이 그의 것인 이유다.

2018. 7

지은이 박종성 씀

차례

I

국가건설 이후 권력과 민중의 충돌 : 한국의 사법권력과 국가폭력

한국의 근·현대사를 결정한 힘의 근본이 '폭력'이었다는 가설은 그리 놀랍지 않다. 왕조를 무너뜨리고 식민의 세월을 겪은 계기가 그랬고 느닷없는 해방과 분단의 황망함도 거기서 출발한다. '폭력'이라는 단어에 뿌리깊이 깃든 악의적 편견과 거기서 샘솟는 이미지의 대부분이 거칠어도 어쩔 수 없다. 아무리 외면하고 싶어도 진실은 늘 그대로 자리하는 까닭이다.

새삼스런 물음은 폭력을 어떻게 세목화할 것이며 또 구체화할 것인지로 모아진다. '폭력의 의미지평은 어디까지 펼칠 것이며 그 안에 내리꽂을 공감의 이정표는 몇 가지일까?' 이에 답하려면 우리는 무엇부터 해야 할까. 그 단어 앞에 이 땅의 모진 역사가 피하지 못한 세월의 질곡들을 의식하며 '정치'라는 접두어를 붙일라치면, 생각을 따로 정리하기란 만만치 않다. '정치폭력'이란 뭘까. 한국의 정치폭력 말이다.

한국의 근·현대사를 결정한 본원적 힘은 성숙한 민중이나 이성으로 단결한 시민들의 자발적 저항이 아니다. 아래로부터 위를 향한 구조적 변혁기류나 그에 조응하는 국가의 제도적 추동도 모자랐다. 군사력을 앞세운 제국권력의 국토침탈에 이어 원폭투하로 단행되는 느닷없는 해방은 후발폭력에 의한 선행폭력의 대체와 역사의 중첩적 단절이란 학습효과만 과잉 성장시킨다. 폭력의 반복세례와 그로 인한 역사단절이 빚어낸 또 다른 파생효과는 해방공간의 국내정치적 혼돈과 극심한 갈등의 지탱이다.

'힘'으로 '힘'을 밀어내고 '폭력'으로 '폭력'을 제어하는 역사의 반복은 집단기억으로 고착화한다. 이 땅에서 되풀이한 폭력의 역사적 각인은 외국군대의 강제진입과 기왕의 정치적 복종구도를 물리적으로 잇고 경험적으로 심화시킨다. 뿐만 아니라 역사의 유증遺贈으로 아로새겨진 비자발적 체험과정은 심리적 주눅과 상호불신을 높인다. 외삽폭력마저 줄곧 견뎌내야 했던 민중보편의 정치적 면역력이 지속적으로 강화·온존溫存하는 역설의 효과도 이 땅에서는 이상할 리 없다.

군사폭력을 앞세운 외삽폭력의 정치적 기정화 논리는 기왕의 유교국가주의가 심어놓은 자발적 복종의 연장은 물론, 저항불능의 모멸과 민중의 불만을 대립과 갈등으로 해소하는 내부균열의 결정적 계기로 작동한다. 순응의 대가는 보상과 은혜지만, 도발과 저항은 곧 불편함 아니면 빼앗김의 동의어로 받아들여지는 저 기이한 추종의 세월이야말로 세기말 전근대와 강제적 근대화가 이식·전파한 역설의 교훈이다. 외국군대의 군사력과 그 힘이 반영하는 잠재적 폭력의 공포효과가 즉발적 주눅의 원인이라면, 거기서 파생하는 국내정치권력의 추수追隨와 묵종은 강대국 진입에 따른 정치학습의 계기가 된다.

민중부문의 구조적 저항과 그로 인한 근본 변혁이 담보되지 않은 역사 정치적 콤플렉스는 '지체된 근대' 혹은 '봉건의 연장'이라는 국내모순을 방임·강화한다. 아울러 사라지지 않는 정치적 울기와 역사적 콤플렉스를 극복하려는 정치적 돌파구로 국가의 적을 내부에서 찾는다. 적은 당연히 외부에 있고 그들과 싸워야 할 이유 역시 밖에 있음은 명쾌하다. 하지만 대들어야 할 상대를 두고도 대들지 않고, 이겨야 할 존재를 보고도 나서지 않은 과오의 궁극은 안에 있었다. 용기의 결핍과 정치적 치열함의 빈곤이 시선의 왜곡을 낳고 역사적 두려움은 자책과 균열의 골만 파들어 간 까닭이다.

저항의 결핍이 부른 자기모멸의 돌파구는 폭력의 가해자를 시혜주체이자 당사자로 도리어 신비화한다. 왕조의 종말을 재촉한 폭력국가의 침탈을 근대의 강제훈육과 발전의 견인주체로 격상시키려는 내면풍경이라든지, 식민체제를 제 손으로 분쇄하지 못한 콤플렉스를 또 다른 군사폭력의 반복학습으로 이겨내는 아이러니는 우연의 일치치곤 가혹했다. '쟁취한 자유'가 '주어진 자유'보다 힘겨운 것임을 알면서도 그 같은 경로를 통하지 못한 정치적 부끄러움을 이겨 낼 방도라는 게 결국 정치적 자유를 베푼 또 다른 폭력국가 앞에서 주눅들고 아연해지는 일이라니. 이어지는 약자의 잔혹함은 질기기만 했다.

사회혁명은커녕, 강자를 향한 자발적 복종과 추수의 대열만 강고해지는 세월의 역설은 사은과 보답의 강구講究라는 엉뚱한 결과를 부른다. 뿐만 아니라 저들의 강인함을 배우고 익히며 하루라도 빨리 같아지거나 비슷해지기라도 해야 한다는 타율적 강박만 두터워지고 있었다. 순응과 동조 혹은 모방과 실험적 적응으로 구체화하려는 기형의 팔로워십을 부추긴 것도 내재적 허기와 정치적 약체弱體가 빚은 치욕의 대가다.

강자의 힘의 본질이 폭력임에도 불구하고 이를 드러내지 못하는 처지란 당연히 편치 않았다. 그 같은 모순의 체험은 왕조의 해체나 식민체제의 강제편입이라든지, 분단구조의 용인처럼 거시 역사적 학습현장에서만 가능한 게 아니다. 행동하지 못하는 자들의 주눅과 그에 따른 불만 역시 처리 불능인 대지에서 기대할 마지막 대안은 지체된 민주화 과정을 향한 자발적 참여와 그 확장이었을 것이다.

그러나 민중전체의 고른 참여와 균형 있는 정치감각은 좀체 기대하기 힘겨웠다. 대신 저항대상을 향해 저항하지 않는 정치적 당사자들의 내부균열과 상호 미움만 격화·심화하고 있었다. 그것은 의도치 않은 행위의 결과로 분열과 불만의 정치적 처리를 위한 상대의 '부정否定' 그 자체였다. 강자를 지향하는 미움과 분노를 되돌려 서로를 미워하고 멀리하게 한 결과다. 폭력의 학습이 폭력의 분화와 확장으로 구체화하는 모순은 또 다른 불가사의로 자리 잡는다. 폭력 앞의 주눅이 폭력 앞의 무기력을 양산할 때, 정작 미워할 상대를 겨냥하지 않고 민중 내부에서 적을 찾는 일은 지체된 면책출구로 작동한다.

혁명적 저력의 배양보다 먼저 숙성된 내면의 모순은 그래서 '주눅timidity'과 '불신distrust'의 겹침이다. 그리고 그 승수효과의 강화와 지탱이다. 서로 다른 둘이 하나 되는 과정은 역사적으로 제때 제대로 담보하지 못한 정치행위와 뒤늦은 감정처리로 내부의 '속죄양 만들기'란 형식을 취한다. 고약하기 그지없는 내부의 '적 만들기'와 '서로 싸우기'는 분단과 전쟁까지 거론하지 않더라도 명백한 현실로 일상화한다. 생활로 굳어지고 관행으로 재확인할 수 있는 정치비극의 친근한 메뉴로 언제 어디서든 재현·부활한다.

식민의 세월과 분단체제를 빚은 외세의 폐단은 컸다. 문제의 근원을 밖에서 구하는 자세야 그 자체로 한계지만, 도발과 저항을 구성원 내부의 갈등과 대립으로 완화하려 한 외세의 정치적 판단은 늘 견고했다. 나라의 정치적 주도권을 외세가 장악한다는 사실은 고스란히 반감과 저항의 원인이 된다. 하지만 그들의 헤게모니를 인정하는 대신, 정치적 반항을 거듭하는 일은 민중부문을 적과 동지로 나눠 다스릴 때 가장 효과적이란 교훈을 양산한다. 강점기 조선의 일본이 그랬고, 해방공간 조선의 미국과 소련이 판박이로 국내 정치통제의 일환으로 '분할통치Divide & Rule'를 의식하는 건 한결같은 공학적 접근에 깃든 폭력적 리더십과 추수적 팔로워십 때문이다. 다스리기 힘들다면, 서로 미워하게 하기. 미움이 더 큰 갈등의 원인이 되더라도 집단감정의 덩어리는 방임하기. 미움과 미움의 충돌은 물리적 통제와 직접통치대상이 아니며 감정의 주체가 감당해야 할 정치적 판단의 문제임을 각인하기. 지배와 복종의 기본 틀을 유지하는 효과적 수단은 곧 갈등의 통합과 해소가 아니라 갈등의 존치와 충돌기제의 관리를 통한 내부의 적敵 부각시키기.

바로 여기서 진영陣營encampment 논리와 상호대결의 정치학이 파생한다. 강자에게 동조하지 않는 세력은 모두 불온不穩하며 당국을 비판하는 이들은 동기 일체가 의심스럽고 궁극적으로 체제의 위험요소가 된다는 편견도 거기서 등장한다. 그 대척점에 거울 같은 대항논리가 자리 잡고 체제 순응적 동조의 정치율법이 문화처럼 정착하는 것도 당연한 현상이다. 찬동贊同은 곧 선이며 추종의 맹목성은 시대의 정치미학으로 엄연히 허여되는 일들 말이다.

진영논리의 살벌함은 이데올로기의 거점을 각자 지탱동력으로 삼는다. 분단의 지정학은 그 때문에 잔인하고 더 비극적이다. 뿐만 아니라 치열히 대립하는 두 진영의 물리적 합合이 영零이 되고 마는 형국은 한결 도드라진다. 뼈대를 훑고 구조와 변화의 메커니즘을 뜯어보는 역사의 거시분석 대신 세월의 한 많은 디테일을 파고들더라도 진영대결과 무한경쟁의 곡절들은 끊임없이 재생·분화한다. 서로가 서로에게 영원한 악으로 상존하는 듯, 모순의 시간들은 미움과 불행의 세세한 스토리텔링에 이어 사연의 속살과 곡절의 인프라들을 만들고 있었다.

고배율 망원경을 통하는 대신, 초정밀 현미경을 쓰더라도 역사의 속사정은 크게 다르지 않다. 이를테면 '친일'과 '부역附逆'은 영토 분단보다 더한 개인과 가문의 멍에였고 '항일'과 '투쟁'을 일삼은 이들의 미움과 원한은 처연할 수밖에 없었다. 아울러 그들 사이의 감정의 격돌은 일상의 분노를 넘거나 치열한 복수에 앞선 치욕으로 민족과 계급을 잠식해 들어간다. 해방공간의 우익을 향한 좌익의 공격 안에는 당연히 강점기 체제에서의 친일과 추종에 대한 미움이 개입할 수밖에 없었다. 그리고 물리적 폭력마저 체험해야 하는 우익 앞에 자신들을 겨냥하는 좌익은 화합과 대화의 상대가 아니었다.

문제는 해방공간의 진영 격돌과 상호 갈등이 국가화한다는 사실이다. 좌우의 대립과 다툼을 넘어 가치배분을 목적으로 삼는 과잉정치화의 기류는 국가를 향한 기대상승과 그에 준하는 정치경제적 요구로 넘쳐난다. 토지와 식량, 주택과 직업, 민주주의와 평등은 물론 역사 속에 배어든 세월의 분노와 울기까지 단번에 해결하기 위해 자유주의와 사회주의는 단순히 이데올로기로만 탐닉할 대상이 아니었다. 특히 사회주의가 내뿜는 정치적 매력은 강점기 조선사회에서 이미 경험한 바 있지만, 두 개의 서로 다른 사상과 그에 따른 민중의 요구에 동시 조응할 국가도 아니었다.

자유의 과잉이 폭력의 촉발을 자극하는 건 당연했다. 이제는 누구도 벌 받지 않을 자신이 있다는 믿음은 참여와 요구를 향한 정치적 용기는 물론 원한과 분노의 심리를 해소하기 위한 극한의 일들도 서슴없게 만든다. 경찰서의 유리창을 깨거나 관공서에 불을 지르는 행동을 넘어 친일행적으로 서슴없던 치안관리들의 얼굴 가죽을 벗기고 가족을 능멸하는 등 치명적 보복은 '해방'이 감당할 사회적 용인의 한계를 넘어선다.

거기서 정치적 진압논리가 등장하고 지속적 제재를 각별히 특정하려는 사법논리가 맞물린다. 국가의 치명적 부담을 해소하려는 안정적 대안이 필요했던 까닭이다. 바로 국가가 동원할 수 있는 제도폭력의 최대화 혹은 극한의 민중통제를 의식하는 정치적 공포효과Horror Effect의 증대와 직결되고 있었다. 건국 초기의 민중폭력증가가 야기한 사법단속과 처벌관행이 정치적으로 고착화하는 현상은 해방 후 한국현대사의 고질적 비극이자 분단국가의 멍에다.

다음 몇 가지 항목은 폭력의 한국 근·현대사를 압축적으로 재구성할 생각의 단서들로 여기서 살필 정치폭력의 사법적 통치공학과 규범적 복무현실을 체계화시킨 결과다.

1. 분단 조선의 대립적 조건은 체제의 강고한 방호논리를 낳는다. 상대진영을 늘 경계·단죄하며 서로 긴장하거나 싸울 태세를 갖추고 있어야 한다는 상황의 절박함과 그 지속적 학습이 필요했다. 남과 북의 대결처럼, 진영 내부의 갈등과 대립도 폭력에 의한 수습과 제압을 요구하는 악순환의 아이러니는 국가폭력의 양산과

확장을 '통치의제the Ruling Agenda'로 삼는다.

2. 해방공간의 정치폭력은 복합적으로 분화한다. 특히 분단전후의 한국사에서 거대폭력에 의한 기왕의 역사단절과 그에 따른 구조적 폭력의 생화학적 합성은 여러 유형의 갈등과 충돌을 낳는다. 뿐만 아니라 해방조선의 정치폭력은 자신의 노선과 이념적 입지와 관계없이 '개인'이 함몰시키거나 '도전'할 수 없는 총체성·전면성을 드러낸다. 폭력의 배양과 숙성은 물론 그 결정의 계기가 '안'이 아니라 '밖'에 있던 까닭이다.

3. 그러나 다양한 정치폭력의 출현과 소멸은 물리적 동시성이나 가시성을 지니지 않고 잠복과 유산遺産의 확장으로 고착화한다. 즉, '번짐spreading'과 '스밈permeation'의 정치학이 즉시적 '폭발'이나 동시적 '압박'의 사회학에 선행하는 것이다. 폭력 없는 나라에 폭력을 끌어들인 경우를 '외삽폭력'이라 한다면, 그들이 앞세운 폭력의 물리적 최상급은 '군사폭력'이다. 저들이 심고 퍼뜨린 폭력의 대가가 '동조'와 '추종'의 정치미학이라면, 그 장구한 파생효과는 국가의 민중통제를 골자로 삼는 '국가폭력' 확산과 그에 맞서려는 '민중폭력'의 제도화로 구체화한다.

4. 그것은 예정된 수순에 따라 움직이는 정치적 기획의 결과물

이 아니라 온전히 자연발생적인 '작용'과 '반작용'의 정치행위로 보아야 한다. 작위적 교육의 결과도 아니고 의도적 학습대상도 아닌 철저한 체험과 관찰의 산출물로 이어진다. 계몽과 훈육을 넘어서는 완만한 자각행렬이 정치적 생활세계의 광범위한 토양을 이뤘다면, 이름 하여 '민주화'라 칭하는 것도 지극히 자연스럽다. 폭력에 의한 폭력의 배양과 폭력에 따른 폭력의 축조가 막힘없는 정치적 지향성을 드러낸 것도 또 다른 자연스러움의 결과다. 외국군대의 국내진입 이후 밖에서 안으로 인입·지향한 폭력의 일방성은 이제 후발권력의 對민중폭력은 물론 민중의 상향식 저항과 민중 대 민중의 충돌 혹은 권력내부의 상호갈등과 그 격화가 빚는 비제도적 교체와 변동으로 나타난다. 밖에서 안으로, 위에서 아래로, 아래에서 위로, 위와 위, 아래와 아래 사이의 다방성을 골자로 삼는 것이다.

필자는 해방 후 한국의 권력과 민중의 충돌을 다룬 한 연구에서 '목적을 달성하기 위한 가장 빠르고 단순하며 확실한 정치적 수단'으로 폭력의 뜻을 정의한 바 있다.[1] 바로 앞서 지적한 다양한 방향성만 감안해도 누가 누구를 향하든, 어느 진영이 어느 진영을 겨냥하든 그(녀)가 사용하는 폭력이란 상대를 향한 무자비한 '결례'이자 느닷없는 '비도非道'이며 하염없는 '반칙'을 전제한다. 아울러 그 힘은 누구도 어디서든 잊지 못할 정치적 상처의 원인이며 그에 준하는 아니,

그에 상응하는 폭력을 다시 예비하게 만드는 물리적 각인의 계기를 이룬다.

식민의 단행이나 원폭투하는 물론, 민중의 집단행동에 대한 조준사살과 전면탄압 등 타협과 대화를 배제한 일방적 힘의 부과는 목적 달성의 철저한 '자기중심성'을 핵으로 삼는다. 원하는 것을 전부 얻지는 못하더라도 목표의 대강을 획득하기 위해 '최고·최단·최적'의 방법을 궁리하는 주체가 사용하는 힘이란 곧 '전혀 준비하지 않은 자(혹은 진영)를 상대로 한 준비한 자의 무리한 결행'으로 인식·명명할 수 있으리라. '폭력'은 이처럼 사용주체의 의지대로 순식간에 혹은 의도한 범위를 크게 넘지 않는 짧은 시간 안에 상대를 제압·복속시키는 철저하고 지독한 일방성을 전제하는 '힘'이다.

이렇게 보면 정치질서란 양 진영 사이의 충돌가능성은 물론 이를 의식하게 되는 긴장과 힘의 과잉이 빚는 결과적 부담의 억제효과로 모습을 드러낸다. 즉 현재와 미래를 가교하는 두 힘의 균형적 상호제어와 그 장기적 학습의 결과물로 말이다. 침탈폭력이 군사압박을 통해 봉건질서는 물론 식민체제의 족쇄를 동시 해소하는 데 기여했다면, 정치적 관리당사자로 등장한 후발 군정당국은 체제구축비용으로 새로운 복종기제를 요구한다. 쟁취한 자유 대신 시혜의 대가로 누리는 해방은 그처럼 허무했다. 폭력 앞의 왜소함과 강자 곁의 주눅이 생각보다 컸던 까닭이다.

그것은 곧 '적응하면 보상받고 일탈하면 물리적으로 불편해진다'

는 통제의 메커니즘 즉, 복종기제를 정착시킨다. 생활 속 신념이나 체험으로 굳어진 '자발적 동의'가 체제의 존재와 지탱에 순응하는 질서의 흐름을 구축하는 경우도 배제하지 못한다. 역사를 거스르면, 세습군주체제의 왕위계승과 신분질서의 유지가 민중부문의 체질화한 동의와 묵종으로 가능했던 과거를 잊지 않는 우리다. 하지만 왕조체제 역시 질서유지의 속내를 들여다보면 일탈과 도전 주체에게 가해지는 무자비한 신체 벌을 비롯하여 사법통제의 공포효과가 국가를 존속시킨 핵심자원임을 다시 확인할 수 있다.

다음 그림은 앞선 논의들을 압축하는 이해 방식이다. 이는 폭력개념의 원론적 인식을 위해서나 기왕의 역사적 폭력현상을 해석하기 위한 이념형으로 활용할 수 있을 것이다. 논의를 잇는 김에 이 그림을 바탕으로 두 가지 '동의'의 의미를 더 생각해보자. 이른바 '강제적 동의'와 '자발적 동의'는 서로 엄연한 법이다. 둘은 결코 같지 않으며 은근히 뭉갤 수 없는 차이와 다름을 전제한다. 원초적으로 거부하는 상대와 우러나는 마음으로 받아들이려는 대상이 같지 않은 이유다. 비록 이들 사이의 연결고리가 의외로 취약하고 과학적 객관성을 담보하는 구분 자체가 어렵다 하더라도 '좋고 싫음'의 문제는 '옳고 그름'의 주제와 근본적으로 다르다. 역사에 익숙해지면 얼마든지 전자가 후자로 탈바꿈하거나 자동 연결되는 듯 보여도 그것은 외형적 결과일 뿐, 속내는 사람마다 다르고 경우의 수만큼 복잡한 게 사실이다. 전자를 감싸는 외형적 불만과 불안이 후자의 당연한 이름표가 될 수 없는 까닭이다. 다시 말해 그 포장의 이면을 들추면 각자의 동의 형식과 방법은 미묘한 편차를 지니며 강제적 복종이 동원하는 정치 심리적 반발효과는 어떤 형태로든 미래의 정치행태를 결정하게 된다는 데 주목할 필요가 있다.

중요한 것은 각자가 지니는 현존질서에 대한 정치적 동의가 전폭적 지지나 열광적 환호의 결과만이 아니란 사실을 재확인하는 일이다. 정치적 지지란 극한의 반대가 부를 여러 불편함을 사전 제어하고 미리 포기해버린 효과적 학습 때문이라고 보는 자세는 생활세계에서 의외로 강고하다. 따라서 강제적 동의와 자발적 동의의 경계 역시 불안하거나 불확실하여 서로를 자유롭게 넘나드는 투명한 가림 막 정도로 보면 될 터다. 굳이 그 경계를 재확인하는 계기는 불만의 임계점을 기꺼이 넘어서는 순간 현실화한다. '지지철회'의 순간 말이다.

혁명의 통로를 거치든, 아니면 투표절차를 따르든 일단 갖춰진 질서의 정체성은 끝없이 변화하는 순간적 적실성에 다름 아니며 견딤과 버팀의 정치적 반어로도 이해할 필요가 있다. '동의'란 결국 어느 정도 상대의 반대와 저항을 무릅쓰고라도 애초의 의지와 욕망을 관철하려는 권력당사자의 뜻을 전제한다. 그리고 권력이 동원하는 상당량의 폭력성과 그에 깃든 사전적·사후적 추인결과라고 보면, 전체 윤곽을 잡을 수 있을 것이다.

그럼에도 불구하고 정치권력의 궁극적 관심은 이처럼 예민한 민중부문의 정치적 동의의 성격이나 형식 혹은 그 경계획정으로 모아

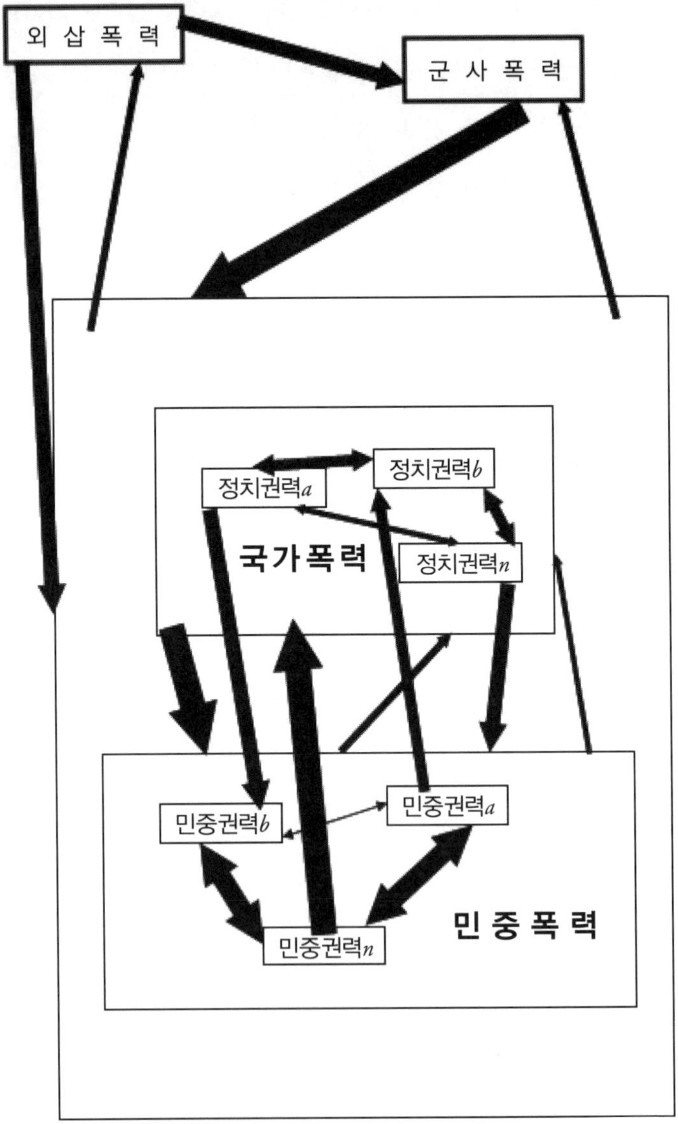

〈정치폭력의 분화와 한국 근·현대사〉

지지 않는다. 극단적인 경우, 지지를 철회한다면 다가올 체제위기나 정치적 정당성의 소멸이 먼저 우려되는 것이다. 따라서 자발적 동의의 총량이 줄어드는 경우를 막고 가능한 한, 강제적 동의영역으로라도 전환시켜 지지의 복원이나 지탱의 안전판을 확보하려는 온갖 무리수가 도모된다. 체제의 위기나 정권의 종말에 즈음하여 '국가의 존속'을 핑계 삼고 그럴수록 질서의 중요성을 내거는 일은 민주주의 역사에서 다반사다. 그것은 민중부문 스스로 판단하는 체제의 정당성 상실 여부와 정치적 복종의 물리적 한계 확인으로 민감하게 분화한다. 즉, 현존체제를 용인할지 말지 결정하는 '집단적 판단the collective judgement'은 기존의 복종구도를 바꿀 임계점 앞에서 진지하고 절박한 '행동의 필요'를 치열하게 채근하기 때문이다. 지지의 철회는 어떤 방법으로든 정치변화를 유도하는 까닭이다.

이 책에서 필자가 '국가폭력'에 무게중심을 두려는 이유도 여기 있다. 정통성의 상실은 정권의 치명적 약점이다. 집권기간 중 이를 '방어·방지'하기 위해 암묵적으로 주력하는 것도 내치의 한계 보완과 직결된다. 그것은 당연히 은밀하며 단호하고 기습적 과업추진을 통해 '기획·실천'하는 데 초점을 맞춘다. 무엇보다 폭력사용의 절차적 정당성을 마련하기 위한 규범적 근거와 사법적 단죄의 효율성을 높이려는 합법적 장치를 구현하는데 주력한다. 결국 정치폭력의 집행을 위한 사법폭력의 '순응'은 국가폭력의 제도화를 향한 최우선 요건인 셈이다.

국가건설기의 이념 격돌과 정치혼란을 수습하려는 정권차원의 예외적 사법폭력이나 군부정권의 국가폭력의존은 한결같이 민중적 지지기반동원에 취약한 정치체제의 아킬레스건으로 작동한다. 정권의 정치적 자족기능으로 국가폭력확장을 통한 민중의 복종동원과 공포효과의 신장은 궁극적으로 더 강한 정치저항의 자원이 되고 그에 따라 정통성 역시 고스란히 축소한다. 폭력의 강화는 결과적으로 당국의 부담이자 비용의 증진을 자초하는 대표적 정치 과오인 까닭이다.

앞서 예시한 국가폭력확장의 역사적 단서들을 사법폭력의 정치적 복무와 관련, 구체적으로 살피면 현대정치사의 근거는 다음처럼 도드라진다. 이에 따라 논의의 방향이 선명해지고 국가폭력의 정치적 성격 역시 뚜렷해진다.

1. 분단국가의 정치현실은 폭력에 의한 강제적 동의를 도모하는 효과적 수단이다. '북으로부터의 남침위협'과 그에 따른 안보위기의 전면적 국가 의제화 만큼 민중을 긴장시키는 항목은 드물(었)다. 전쟁위기를 상례화할 뿐 아니라 아예 영구화하여 대내적 통합의 국가적 이유는 키우며 국내정치적 이의제기는 억압하는 것이 국가폭력에 의한 정권유지의 공통분모다. 이를 통해 사회적 백가쟁명을 사전에 막으려는 통치프로그램은 국가폭력확장을 의도하는 당국의 필수 메뉴로 정착한다.

2. 이 같은 정치체제가 전체주의를 선호하고 공적 기율의 동원 도구로 군국주의까지 구비하려 애쓰는 건 당연하다. 군인으로 복무하며 전쟁과 식민의 시대를 온몸으로 관통한 쿠데타 주도세력들의 국가폭력기획이나 민간인복을 입은 군인들의 지속적인 행태모방은 다양한 형태의 강제적 동의형식과 그 계기를 마련한다. 그들은 간첩조작사건과 의문사, 삼청교육대와 북파공작원 파견, 내부자의 조작과 양산에 이어 여러 형식의 직접고문과 신체 벌 부과로 육체적 손상은 물론 부분적 불구의 대가마저 치러야 하는 비인간적 행위를 서슴없이 반복 자행한다.

3. 박정희와 전두환의 폭력지향은 분명하다. 하지만 노태우의 권력위축 이후 재문민화한 역대정권의 사법폭력이 통치공학적 근력을 확대재생산하는 정치관행은 두드러진다. 정치적 민주화의 역사와 정권 차원의 통치공학적 퇴행은 철저히 비례한다. 노태우의 퇴장 이후 '김영삼-김대중-노무현'의 등장이 정치적 민주화를 자동 담보했을 것이라는 기대와 믿음은 허구다. 이들의 집권은 해방 후 한국 야권지도자들의 일대 약진이란 점에서 그 자체만으로 관심대상이지만, 잊지 말아야 할 사실은 따로 있다. 개인의 이미지와 집권기 치적은 전혀 별개다.

4. 혁명적 변화를 막기 위한 정권 차원의 국가방호와 사법통제

강화는 '이명박-박근혜' 정권에서도 변함없는 메뉴다. 이는 각 정권의 정치적 성격부여와 관계없이 통치차원의 공약수로 의미를 지탱한다. 앞선 정권과 다름없이 '국가보안법(이후 〔국보법〕이라 함)'과 '집회 및 시위에 관한 법률(이후 〔집시법〕이라 함)' 적용의 관행은 어김없다. 특히 박근혜 정부는 법규범의 적용을 넘어 헌법재판에 의한 '정당해산'이란 초유의 사태마저 기꺼이 현실화시킨다. 사법폭력과잉과 정치폭력의 통치공학확장은 결과적으로 정치권력을 위한 법의 충직한 복무 없이 생각할 수 없는 당국의 의도적 기획물이다. 그 원류는 분단체제 아래 남한만의 단독정권수립을 구상한 이승만 관리체제의 고착화와 이를 위한 사법적 예외조항에서 출발한다. 지도자는 바뀌어도 통치의 공학적 의도는 변함없고 정치 환경의 변화 역시 어김없지만 권력의 계산과 자기중심적 이익추구는 그대로 이어진다는 사실이 비극의 자화상이다.

국가폭력과 민중폭력의 직접충돌이 한국의 정치질서를 구조적으로 바꾸거나 예상 밖 경로로 방향과 성격을 정한 경우는 극히 드물다. 오히려 양자의 충돌이 불러올 충격과 혼란을 미리 예감하는 상호 긴장 혹은 그 길항의 자기계몽에 따른 상대의 효과적 견제가 역설적 가치를 반영하는 사례가 흔하다. 짧지 않은 세월 속에 간헐적으로 반복하는 상호충돌과 제압의 정치현상은 기이하게 흥미롭고 교훈적이다.[2]

비록 권력구조와 계급구조를 한꺼번에 바꾸는 급진적 사회혁명은 단 한 차례도 없지만 1세기 넘는 시간대 속의 한국정치질서는 혁명적 조건의 부단한 존속과 이를 준용遵用하는 민중부문의 간헐적·부분적 폭력화에 의해 상호긴장구조를 결정한다. 역사 속에서 주기적으로 반복하는 혁명적 변화는 거대국가폭력의 순환과 반복이란 한 축과 이에 응전應戰하는 민중폭력의 숙성과 확장이란 이름의 또 다른 축을 교차 회전시킴으로써 뚜렷한 긴장 국면을 축조한다. 그것을 '지속적 민주화'란 콘셉트로 일반화시키는 것도 가능하지만, 폭력에 의한 폭력의 배제 혹은 폭력의 길항과 균형성장을 통한 상대폭력의 정치적 제압으로도 표현 가능할 것이다.

거시 관찰대상으로 한국 근·현대사를 훑을 경우, '19세기말 전국적 민란 → 갑신정변 → 동학농민혁명 → 3·1항쟁 → 소작쟁의 → 노동쟁의 → 9월 총파업 → 대구10월 항쟁 → 4·3항쟁 → 여수·순천사건 → 4·19 → 5·16 → 5·17 → 5·18민중항쟁 → 6·10항쟁 → 6·29선언 → 16·17촛불혁명' 등의 파노라마는 국가억압과 민중저항의 정치적 긴장이 빚은 상호작용이자 정치폭력의 상대적 발전과정을 노골적으로 축약한다. 각 사건들의 역사 정치적 전후맥락이 즉발적 인과론을 형성하거나 근·현대 한국정치사의 폭력적·혁명적 변동국면을 전면 대변하는 건 물론 아니다.

그러나 각기의 사건들은 기왕의 누적폭력에 대한 정치적 조응이자 울기와 분노의 동시 극복을 목표로 고유의 무게중심을 지닌다.

각기의 사건들은 비록 완벽한 체제교체나 사회구조변혁을 담보하는 거대변동의 모멘텀으로 작동하지 않되, 정권전복이나 전면교체의 결정적 계기를 마련하는 폭력동인을 제공함으로써 민주화 과정의 완만한 단면을 잘 보여준다. 그것은 매우 오랜 정치적 준칙으로 권력과 민중 사이의 관계가 물리적 교호交互를 넘어 폭력적 갈등의 모습을 취할 때 더 이상 밀리지 않으려는 결정적 국면과 그에 따른 절박한 비용 지불마저 각오하게 된다는 익숙한 교훈을 낳는다.

국가폭력의 역사가 민중폭력의 그것과 만나며 부딪치고 어우러져 빚는 마찰의 세월은 분명하지만, 정작 이들의 거시분석과 통사적 이해를 위한 사회과학적 탐구는 지체된다. 연구의 풍요는커녕, 주제로서의 마이너리티와 관심의 주변성을 떨치지 못한 지난 시간들의 학문적 소홀함은 또 다른 반성대상으로 빛을 발한다. 그럼에도 불구하고 연구층위의 제한성을 사회과학의 분과학문별 다양성으로 극복하고 소수의 제한적 연구 인력이나마 이 문제에 집중 천착하는 차별성을 보였음은 고무적이다.

문제의 근본원인은 '폭력' 앞에서, 특히 '국가폭력'이란 개념을 두고 절감하는 뭇사람들의 선험적 거부감일 것이다. 폭력이라면 진저리치는 집단기억 곁에, 그것도 하필 국민을 위해 존재한다는 국가의 정치적 허구성에 이골 난 민중이 국가의 과격성을 보며 다시 절망하는 거부의 문화는 학문적 탐구 이전에 일상의 반폭력성을 사회적 토대로 넓힌다. 아예 극단적으로 바라보면, '국가는 국가를 위해 존재'

하고 '권력은 권력을 위해 작동'할 뿐이란 가설도 가능하다. 그 허구적 외피를 방호하기 위해 서슴없는 힘이 더 필요하고 얼굴 없는 모멸과 뒷조사가 한결 아쉬웠던 지난 세월은 능히 '국가가 폭력'임을 반증하는 단서 그 자체로 엄존한다.

국가폭력연구의 지체와 간헐적 반복은 탐구의 부담을 고스란히 드러낸다. 사회과학의 어느 개별분과학문도 이 문제에 집중적인 관심을 기울이는 경우는 드물(었)다.[3] 민중을 통제한다는 명분을 직접 노출하기보다 국가위기를 극대화하고 안보논리를 전면에 내세우는 국가폭력의 은밀한 집행은 탐구대상이기 이전, 투쟁과 저항대상이란 인식이 강하여 기껏 사후적 통계발표나 감정(각)적 회고 주제로 전환하는 경우가 잦았다. 뿐만 아니라 국가권력의 치부와 한계를 정면 조준한다는 무게감은 비록 학문적 분석일지언정, 연구주체로 하여금 상응하는 부담과 자기검열의 압박감 역시 의식하게 한 것이 사실이다.

국가폭력연구의 사회과학적 한계를 보완하는 영역이 법학 부문이다. 그것은 정치학과 사회학 부문의 상대적 제한성을 메우고 이 땅의 공법체계 가운데 국가폭력의 '방호'와 '확장'을 위해 이바지한 사법司法행적을 짚고 분석하는 객관적 작업들로 좁혀진다. 그 가운데 국보법 적용과 정치적 악용의 예증例證은 국가폭력을 고발·비판하는 중요한 경험적 단서가 된다.[4] 아울러 사법의 이름을 빌린 국가의 공적 범법행위에 대한 연구들[5]도 눈에 띈다. 하지만 이들 역시 법학연구의 주류를 이루진 못하고 학문의 성격상 규범적 비판과 지적에 머무르고 만다.

그 결과 법학부문의 국가폭력연구는 가치중립성을 뛰어넘지 못한다. 크게 보아서는 비판과 분석의 지향점을 사회과학과 함께 하는 듯 보이지만, 문제규범의 폐지와 함정조항의 개정을 강조하는 방법은 '규범적'이며 자기엄숙성 또한 배제하지 못한다. 그럼에도 불구하고 법학부문의 탐구는 분화한다. 그들의 노력을 사회과학 부문의 그것과 합쳐 다시 자세히 나눠보면, 1) 민중을 향한 국가폭력의 사법적 단죄와 정치적 허구[6] 2) 폭력의 법철학과 근대정치사상[7] 3) 국보법의 태생적 한계와 정치적 유산[8] 4) 국가폭력의 지속과 합법화[9] 5) 문제규범의 개폐와 함정조항의 미래[10] 등이 그것이다.

세기를 넘자 학위논문과 보고서 형식의 연구는 한결 풍성하고 솔직해진다. 통계 역시 역사의 민낯을 드러내는 데 과감해진다. 그것은 '과거사'가 회피와 두둔의 대상이 아니라 노출과 검색을 바탕으로 한 '탐구'대상이자 잊지 말아야 '역사'임을 국가 스스로 인정한 결과다. 학위논문만 하더라도 논의의 금기대상이자 국가의 필요악 정도로 여기던 국가폭력을 연구의 중심으로 끌어올리는데 성공하고 있고 주제와 분석거점 역시 고르게 펼쳐진다.[11] 앞서 지적·분류한 국가폭력 주제들을 이들 역시 공유한다는 점에서 별도로 유념해야 할 사항은 그리 많지 않다.

보고서 형식의 국가폭력분석은 통계와 추이해석의 1차 자료로 의미를 더한다. 특히 과거 국가폭력의 가해자로서 '단속·감시·연행·취조·수사'의 주체로 나서 고문집행은 물론 국가보안사범들의 공적·사적 관리의 당사자였던 경찰청과 국정원은 물론 그 외연을 넓혀 국방부까지 보고서 발행주체로 자기모습을 새롭게 드러낸 것[12]은 주목할 만하다. 그것은 적어도 과거 폭력사용의 적합성 여부와 역사적 과오에 대한 부담을 고스란히 안은 채, 자신들의 행적 자체를 고백·인정하는 행위이기 때문이다.

이제 '폭력의 과거'로 들어가 보자. 왕조 해체를 전후한 역사 전환기부터 또 다른 세기말에 이르도록 모두가 무릅써야 한 폭력의 세례란 뭘까? 충분히 이해한 양 받아들이고 마는 '폭력'의 의미는 정작 무엇일까? 외삽폭력을 '차단·축출'하지 못하고 그에 '동화·유인'되고 마는 민중의 한계. 정치변혁의 당연한 주체로 나섰어야 할 민중부문 전체의 지체된 폭력사용과 혁명. 그것은 근대 조선이 뛰어넘지 못한 한계이자 강점기 조선에 고스란히 떠넘겨진 정치적 과제다. 동시에 지속적인 역사단절과 억압적 이행과정에서 민중부문에 다가간 정치사회적 주문이기도 했다.

폭력을 폭력으로 적시適時 제거하지 못한 정치적 대가는 상상의 수준을 웃돈다. 국가건설과정에서 폭력은 민중의 과잉기대와 참여의 위기를 낳고 급조된 제도폭력과 충돌하는 동안 의도치 않은 비극의 단면들을 드러내는 까닭이다.[13] 해방공간은 정치폭력의 분화와 민중의 저항을 자극한 만큼 이중적[14]이다. 폭력이 폭력을 낳는 한국 근·

현대사를 시대구분하자면 해방공간은 따라서 복잡한 독립성[15]을 지닌다.

지체된 민주화와 위기의 겹침 속에서 민중의 폭력적·호전적 전환은 정치폭력의 '분화differentiation'를 재촉한다.[16] 폭력의 대행주체가 민중 전면에 나서 당대의 제도폭력과 대립하며 혁명의 압축성을 드러내는 경우는 여기서 아무리 강조해도 지나치지 않다. 전국적 민란과 3·1항쟁, 노동쟁의와 소작쟁의를 비롯한 숱한 정치적 공격 이면에 이 같은 메커니즘이 작동하고 뒤늦게 축적된 정치적 저력이 해방 후 민중부문의 대항폭력으로 숙성되는 과정도 이 같은 관점에서 바라볼 것이다.

'폭력'은 이 땅에서 어떻게 '구현'되는가. 국가폭력과 민중폭력은 숱한 '눈물'과 '피' 그리고 '땀'이라는 세 가지 분비물을 한꺼번에 끌어 담는다. 원통하고 고통스럽지만, 민중은 잊지 못할 집단기억을 도저한 멍에로 들쳐 맬 밖에 딴 도리가 없었다. 헤일 수 없는 집단기억 가운데 국가가 겨눈 총구의 개수와 스러진 민중이 몇 인지야 새삼스럽기만 한 까닭이다.

국가폭력과 민중폭력의 정면충돌이 빚은 갈등과 긴장강도가 어느 정도인지는 다음 표로 추론할 수 있다. 4·19와 5·18 사이에는 딱히 20년 1개월이라는 천문학적 세월의 편차 말고도 바로 견줄 수 없는 엄청난 사연과 정치적 곡절들이 자리한다. 시위와 충돌 역시 이들을 낳고 지탱한 전후사의 밑거름으로 자리하는 게 사실이다. 하지만 이들 두 '날'은 권력을 향한 민중의 정치적 항변과 무작정 권력을 방호하는 인습적 국가폭력이 발포와 사살에 서슴없던 포악한 과거로 고스란히 자리한다. 이 날 있었던 일들의 전말과 역사 정치적 성격 등 크고 작은 논의는 여기서 되풀이말자. 다만 표의 통계를 바탕으로 그 날 사용된 폭력의 부피를 헤아리자.

4·19와 5·18을 가르는 세월의 편차는 그날 각기 사용한 국가폭력규모와 흘린 피의 차이를 설명하는 잣대가 될 수 없다. 국가가 폭력을 사용할 수밖에 없다는 그 어떤 변명도 당국의 정치적 무능과 권력의 과욕을 징치하려 항거한 민중의 전면제압을 두둔하지 못한다. 두 가지 역사경험은 민중의 존재 그 자체를 전면 부정하는 당대 권력의 오만과 정치적 방자放恣함을 노골적으로 드러낸다.

마르크스가 강조한 계급 간 적대의식과 이를 해소할 마지막 정치수단인 폭력의 미학도 당대 '국가·사회'에 적용하는 건 논리적으로 무리다. 제아무리 권력과 자본의 계급적 이익만 옹호하는 폭력집단이 국가라 할망정, 그에 맞서려는 민중의 저항과 자발적 정치화가 이데올로기적 도구성으로 충만하진 않았기 때문이다. 특정 사상의 지향점을 세우고 이념의 횃불마저 움켜잡은 채 서둘러 고지를 향해 뛰며 꿈의 깃발 꽂을 생각들로 넘쳐난 혁명군중이 '그들'은 아니었던 터다.

각기 다른 장소와 서로 다른 시간 속에서 크게 움직인 민중의 의식 중추를 거머잡은 건 마르크스의 사회주의혁명도, 고결한 이데올

1960·4·19				1980·5·18				
구분	경찰	학생	계	구분	군인	경찰	민간인	계
사망	4	111	115	사망	23	4	166*	193
				행방불명			166	166
부상	169	561	730	부상			3,139	3,139
				부상 후 사망			101	101
				구속·구금			1,589	1,589
				무연고 매장			5	5
총계	173	672	845	총계	23	4	5,166	5,193

*보상금 미수령자 2인 포함.

〈4·19와 5·18의 폭력부피〉

출처 : 4·19 자료는 《조선일보 호외》[17] ; 5·18자료는 2009년 광주광역시 집계 기준[18]

로기나 유토피아도 아니다. 독재의 꿈을 포기하려들지 않는 대통령의 탐욕과 노골적 선거부정에 대하여, 그리고 박정희 없는 시대에 딴 마음 품은 정치군인들의 발호를 막으려는 민중 대부분의 뜨거운 염려가 결정적이다. 하여, 다시는 '직전체제'가 함부로 이어져선 안 된다는 다짐이 그들 행동의 동기 전부인 터다. 하지만 이 같은 민중을 조준 사살하고 심지어 무차별 사격까지 무릅쓴 과거[19]는 학살의 정치적 동기마저 충분히 함축한다.

이들 두 경우를 '즉발적으로' 비교하더라도 당국의 폭력사용은 지나친 역조逆調와 불균형으로 두드러진다. 20년이란 시간의 흐름은 자유의 막연한 신장이나 정치적 민주화를 자동 담보하지 않는다. 하지만 상식의 숙성과 인간성의 지탱이라는 지극히 자연스런 판단만으로도 저항하는 시민들을 향해 국가가 발포를 명령하는 행위는 단순한 정치적 저열低劣성을 넘어선다. '경찰'에서 '군부'로 바뀐 국가폭력의 집행당사자가 진압을 핑계 삼아 대드는 자에게 총을 겨누거나 무차별 난사를 감행하는 일은 '이해' 대상일 수 없다. 행방불명과 부상은 물론 인명살상을 포함, 상처 없는 자연인으로 살기 어렵게 된 경우의 수가 '845:5,193'이라는 기울기의 지나침은 무엇으로 어떻게 받아들여야 할까.

여섯 배를 웃도는 비상식적 국가폭력의 급성장은 폭력 사용주체의 병적인 집착과 민중배제를 목적으로 삼는 극한의 정치적 자기중심성 이외에 어디서도 이해의 빌미를 찾지 못한다. 그것은 이승만을 향한 항거와 도전에 익숙지 않은 권력의 극한 방호防護이자 박정희 없는 시대적 공허와 이를 메우려는 절박한 자기분열로 경찰폭력과 군사폭력에 내재한 살인본능을 자극·확장한다. 혁명 없는 역사의 조급한 이행과 근대의 불안한 숙성이 재촉한 정치 과잉은 결국 폭력과 폭력의 직접충돌을 자극하는 참여의 폭발로 구체화한다.

민중폭력은 제도권과 대중정치를 가르고 국회와 아스팔트를 구분하게 만드는 정치도구다. 정치폭력의 분화를 말할 때 흔히 국가에 대항하는 민중과 그들을 관리·제압하려는 국가는 모두 기술적·도구적 분화의 절차를 거치면서 물리적 다양성을 드러낸다. 관행과 반복을 통한 암묵적 제도화 역시 논의대상[20]이다. 일상적으로 떠올리는 전투경찰의 헬멧과 철제곤봉, 투명방패와 최루탄, 물대포와 연행차량, 경찰과 유치장, 구치소와 재판정, 사이렌과 군화소리, 사법제도와 감(검)찰기구 등이 후자의 폭력도구라면 짱돌과 화염병, 함성과 촛불, 머리띠와 연좌농성, 투신과 분신焚身, 단식과 절명絶命, 횃불과 방화, 암살과 테러 등은 주로 전자의 도구적 전유물이다.

문제는 이 같은 폭력의 정치적 현시와 상호충돌이 시간의 흐름 속에서 승수·확장하는 물리적 과정이다. 서로를 밀치며 미워하는 피의 향연은 더 강한 폭력을 유인하고 후발폭력의 거침없는 국가적 자행은 한결 드센 대항폭력과 정치저항을 부른다. 분노와 절망의 증폭은 간단한 복수의 정치심리를 넘어 양립하기 어려운 상호질시를 바탕으로 경계의 눈빛을 키워나간다. '관찰'과 '경계'란 애당초 같지 않고 '감시'와 '응시凝視'란 본디 한결 같지 않은 시선의 이질異質을 전제하는 법이다. 이에 따라 '정치질서'는 의도치 않은 행위의 결과물이자 예측 가능한 미래의 기이한 조합으로 형성되는 삶의 변수다.

폭력이 폭력을 호출하며 정의의 장정에 나서는 정치적 인과율은 한국현대사에서 간단없다. 5·16이 4·19를 넘어서려할망정, 6·10항쟁은 6·29를 도출하는 역사의 뇌관인 까닭이다. 더 가까이 다가서면 5·16이 5·17을, 5·17이 5·18을, 1960년이 1980년과 1987년을 낳고 1987년이 2017년의 모태가 되는 저 거대한 정치폭력의 인과론을 변동의 메커니즘 안에서 읽을 수 있는 것이다. 폭력 없이 질서의 생성과 지탱이 힘겹고 폭력의 추동과 견인이 아니고서는 미래의 정치질서가 담보되지 않는 역사의 순환은 그렇게 극적인 고리를 완성해간다.

혁명의 전통이 세워지지 않은 문화의 한계는 해방 후에도 어김없다. 대신 크고 작은 정치폭력을 반복 사용하고 있음은 주목해야 할 사실들로 남는다. 정치폭력의 분화와 사회적 파급효과가 무엇인지는 곧 이 땅의 대표적 정치저항유형으로 '시위'양식과 함의에 그만큼 관심을 집중시킨다. 단순한 개인의 저항수준을 넘어 사회적 집단행동 수위를 유지하면서도 권력구조나 계급구조의 절대변혁을 담보하는 정치폭력까진 기대하기 힘든 폭력행사의 평균값을 설명하려면 '시위 demonstration'는 적합한 양식이다. 그것은 압축혁명의 도구이자 미완의 사회혁명을 의식하는 민중부문의 잦은 몸부림이다.

혁명을 대체하는 강력한 정치항의와 반대의지를 드러내는 방법으로 시위효과는 실로 '혁명적'이다.[21] '데모'와 이음동어으로 인식되는 '시위'는 미군정기 이후 3공화국까지 점증하면서 한국정치의 대표적 변동수단으로 자리 잡는다. 반면에 폭동과 정치파업, 정치음모 등은 점차 줄어 과도정부 이후 극히 제한적이거나 사라진다. 해방 후 획기적 정치변혁의 학습계기는 역시 4·19다. 하지만 한국의 민중부문은 4·19의 여러 단계에서 정치적으로 자유롭지 못하다. 오랜 논쟁거리의 하나로 4·19가 혁명인지 아닌지를 둘러싼 성격규명에서 부터 5·16을 막지 못한 정치적 책임에 이르기까지 폭넓게 펼쳐지는 후발 논의들 때문이다.

4·19를 '민중봉기'로 규정하자면, 의미의 무게중심은 '학생의거'라는 극점과 '성공한 정치혁명'이란 대척점 사이 어느 한 지점을 지향할 것이다. 하지만 그것은 곧 민중봉기의 '민중성'이란 폭넓은 규정으로 말미암아 정작 운동의 직접적, 가시적 주체인 학생계층을 포함, 누가 민중의 중추이며 정치적 지지나 반대의 평균 주역인지 가늠하기 어렵게 한다. 이 대목에 이르면 본격적인 폭력의 정치사회학에 귀 기울이게 된다. 60년대 한국의 정치폭력분화가 4·19에 의해 '추동·시발' 된다면 학생을 제외한 민중부문의 정치적 태도변화는 어떻게 설명할 수 있을까? 60년대 이후 한국의 정치폭력현장에서 들려온 학생들 이외의 함성은 '누구의 것'일까?

노동자들과 농민들의 의식성장을 눈여겨보아야 할 이유도 이 대목에서 커진다. 문제는 노동자들의 정치적 용기가 기왕의 농민저항사에 비친 열정과 결합, 더 구조적이거나 체계적인 변혁운동으로 발전하지 못한다는 점이다. 그들의 저항이 학생들의 자발적 동원이나 사회적 수용 속도보다 더 빨리 1공화국 비판의 적극성을 보이거나 준엄한 도덕성을 담보했어야 한다는 아쉬움은 60년대의 한국정치폭력, 특히 민중부문의 폭력성 제고를 반성하는 과정에서 늘 재확인할 수 있다.[22]

그러나 해석의 문제는 간단치 않다. 상황 타개의 단서는 학생계층이 '견인·담보'할망정, 그들의 열기가 사회적으로 퍼져나갈 때 기왕의 노동정치력과 어떻게 화학 반응했는지 엄격하게 정질분석하기 어려운 데다 농민들의 '침묵'과 노동자 비판의식의 상대적 '열세' 또한 단순하지 않기 때문이다. 4·19를 전후하여 민중부문의 '폭력성장'이 갖는 정치적 의미 분석에서 과격한 투쟁주체를 가려내고 시기적 공과를 평가하는 문제는 여간 힘겹지 않다. 학생들이 추동한 민주화 투쟁 속에서 노동자와 농민 그리고 교원들로 이어지는 각 실천 투쟁 단위들의 힘과 정치적 비중 말이다.

그것은 정치적 민주화의 자각 속에서 상호침투와 영향력 확산이 빚은 계층별 실천과 엄중한 자기계몽효과가 이끌어 낸 60년대의 새로운 가치로 인식해야 할 것이다. 두드러진 정치변화를 선도하지 못한 기층민중의 무능과 학생계층을 향한 심리적 채무는 상당기간 미지불된 상태로 이어진다. 4·19와 5·18을 잇는 정치적 성찰의 끈도 기실 이 같은 부담과 자기반성을 토대로 할 때 강고해진다. 정치질서의 변화는 결코 자연발생적이지 않고 일정한 대가없이 숙성되지 않는다는 집단자각도 몇 차례의 역사적 꼭짓점을 거치며 얻은 자기반성의 열매다. 그럼에도 불구하고 국가의 자각은 민중의 반성을 앞지르지 못한다.

민중부문이든 국가든, 폭력의 사용주체가 투입하는 힘은 각자 일정한 정치적 요구를 바탕에 둔다. 그것을 단지 민주화의 확장이니, 정면억압이니 규정하자면 과잉단순화의 한계를 감안해야 할 것이다. 하지만 민중부문의 정치적 요구에 대해 국가는 어김없이 냉담하다. 해방 후 정치시위 대부분이 국민들로부터 상당한 지지를 받았음에도 불구하고 막상 정부에 영향을 미치거나 정책에 반영되는 비율 역시 낮은 이유는 이 같은 측면에서 이해할 수 있다. 그렇다면 민중부문의 요구가 국가 전체적 관심대상으로 부각되는 시기는 언제였을까? 그 전체 모습은 어떤 형국으로 나타날까? 이 물음에 답하려면 권력부문의 본격 억압과 그에 대한 저항 조류를 다시 추적할 필요가 있다.

'1972년'은 늘 중요한 탐구 대상이다. 어느 진영이든 폭력의 본격 분화를 자극하고 권력부문의 억압의도 역시 가시화하는 변곡점이기 때문이다. 제도폭력의 가시적 억압과 민중폭력의 세분화를 재촉한 '유신維新'은 이처럼 폭력분화의 계기를 앞당기고 정치적 민주화 과정에서 일정 부피의 폭력이 예외 없이 필요한 자원임을 간접 계몽한다. 72년을 기점으로 이 땅의 정치폭력과 시위의 모습은 확연히 달라지기 시작한다. 주도세력의 요구와 규모는 물론 방법과 정부대응에서도 '기본'이 크게 흔들린다.

72년 이후 가속화하는 제도폭력의 억압은 결국 가열된 민중폭력의 또 다른 얼굴이다. 여전히 학생을 주축으로 한 시민사회의 분노는 권력부문의 탐욕에 대한 직접 대응이자 억누를 길 없는 집단적 정치심리에 다름 아니다. 유신의 정치변동은 이처럼 의외의 단순성을 반영한다. 5·16이 표방한 대내적 정치질서변혁과 통치차원의 전략적 변용은 집권기 전체를 통해 억압과 통제를 필요로 하고 그 속내를 간파한 민중부문을 다스리기 위해 배전倍前의 공포효과와 이를 담보하는 실질폭력의 동원마저 무릅쓴다.

유신 통치 '7년'은 제도폭력과 민중폭력의 즉시적 대결 조건이 충분히 마련되고 그만큼 양 진영의 긴장관계가 숙성되는 기간으로 이해할 필요가 있다. 제도권력의 점진적 배반과 그에 따른 극도의 실망 그리고 이에 대한 최후의 대응수단은 참여 밖에 없다는 일련의 자각(혹은 의식화)이 무르익은 결과다. 하지만 민중의 이 같은 '폭력화'는 제도폭력의 집행주체를 두렵게 할 만큼 구조적이거나 파격적이지 않았다. 유신이 저항의 자원이자 정치행동의 기반이었을망정, 분노와 실천의 결과로 사라질 국가폭력이 아니었음도 그 때문이다.

학생세력의 전진배치에 이어 '노동자·지식인·성직자' 참여가 본격화하는 점이 이 기간의 두드러진 현상이다. 반복하건대, 이들이 한층 돋보인 이유는 국가건설 직후 본격화하는 농민세력의 급진적 퇴조와 과묵화 경향에 있다. 농민의 정치적 퇴출은 곧 노동세력의 '대체와 전진'을 자극하고 현실 정치적 잠재력 증가는 군부정치세력의 전술적 공고화solidification, 즉 제도폭력의 노골적 물리화와 기형적 대응을 유도한다. 더없이 좋은 명분으로 그들은 분단구조 속의 새로운 지배논리를 찾는다. 배반의 사회주역으로 '노·농'계급의 억압근거를 마련하는 것이다. 분단구조의 고착은 거꾸로 정치군부의 국내억압과 정치적 반대세력을 사회주의자들로 호도하는 데 합리적으로 기여한다. 마르크스주의 역시 유신의 사회통제 전략수립에 결정적으로 작용한 꼴이다.

민중폭력의 점진적 성장을 의식하는 제도폭력의 민감한 반응은 46년 이후 권력의 과잉진압과 그 여파로 구체화한다. 그것은 곧 민중부문과 권력부문의 갈등을 심화, 현대사의 치명적 한계인 방어적 사고[23]로 부각된다. 권력이 민중을 포용하기보다 일정한 거리 밖에서 외경과 공포 이미지를 통해 조종, 복종케 하려는 일련의 의도는 박정희 지배전략의 밑바탕이다. 즉, 유신의 정치변동은 폭력과 유난스런 대응으로 일관한다. 그것은 권력 스스로 취약한 정통성을 만회하려는 정치일정과 폭력적 자기변명으로 기왕의 정치적 긴장구도를 심화시킬 따름이다.

계엄과 국회해산은 유신의 정치변동과 제도폭력의 과잉대응을 설명하는 좋은 준거다. 헌법적 특권이란 명분아래 폭력의 확대재생산을 도모한 계엄조치의 반복은 제도폭력의 분화와 민중폭력의 숙성을 재촉한다. 1공화국 이후 10·26까지 2,341일 동안 이어진 계엄사 가운데 박정희가 단행한 691일은 총 29.5%에 이르는 규모다. 그렇다면 제도폭력의 팽창과 기형적 억압이 가능했던 정치적 빌미는 뭘까? 그 반작용으로 가속화한 민중폭력의 분화는 또 어떻게 이해해야 할까?

제도폭력의 과잉과 말기적 증상은 통제할 수 없는 체제의 동력으로 화석화한다. 폭력을 자원으로 삼는 권력은 기왕의 속도와 탄력을 잃지 않기 위해, 아니 그 가속의 메커니즘에 자신을 분쇄시키지 않기 위해서라도 또다시 폭력에 의존할 수밖에 없었다. 뿐만 아니라 노동세력의 생존권 수호나 경제적 자위를 목표로 한 소규모 집단행동까지 폭력이 과잉 개입한다는 점에서 유신의 정치변동이 지닌 모순의 골은 깊다. 굳이 힘으로 다스릴 필요 없는 대상까지 폭력으로 다루거나 배제하려는 정치관행은 민중 일체의 자발적 동원이나 비판을 인정하지 않으려는 비정상적 행태에서 우러난다.

80년대 정치폭력이 궤도를 바꾼 결정적 계기는 따로 없다. 전두환 정권의 정통성에 대한 반발이나 노태우의 정치적 승계에 대한 분노 효과만이 아니다. 정치적 민주화의 장정이 돌이킬 수 없는 길에 접어들었다는 믿음은 이제 보편의 흐름으로 자리 잡는다. 제아무리 전두환이 '정의사회구현'을 외치고 노태우가 '탈권위주의'와 '위대한 보통 사람들의 시대'를 부르짖어도 그건 민중폭력성장에 대한 제도폭력의 잠재적 공포와 우려의 결과였을 뿐, 반대논리는 찾을 수 없다.

80년대 민주화 운동은 민중 전체의 합의를 도출하지 못하고 투쟁전위 위주의 폭력투입과 과잉의식화의 문제를 드러낸다. 아울러 중산층의 정치적 비동성과 맞물리며 적잖은 계층적 한계를 보인 것도 사실이다. 민중폭력의 성장에 담긴 진정성을 과소평가할 수 없는 이유는 그렇다면 분명해지는 셈이다. 그 결정적 증좌의 하나가 70년대 말에 이르러 확연해진 민중폭력단위의 상호연대와 통일전선구축이다. 60년대와 달리 70년대는 노동자, 농민, 청년학생, 지식인, 정당인, 종교인 등으로 광범위하게 민중투쟁이 확산되어 해방 후 최고의 대중투쟁이 전개된 시기로 이해할 필요가 있다.[24] 특히 종교인, 언론인,

문인, 법조인까지 정치적 저항력을 분산 공유하자 민중폭력분화는 한층 공고해지고 기왕에 조성된 반유신 조류는 '노·학'연대나 폭력 단위의 횡적 연계를 도모하는 적합한 유인요소로 작동한다. 이러한 현상 전반에 대해 70년대 정치권력이 정면 억압하고 기존의 압제구조를 팽창시킴으로써 새로운 사회적 긴장조건을 만든 대표적 계기가 바로 양심수 배출이다.

양심수에 대한 제도폭력의 통제는 민중에 대한 억압의 단면을 적나라하게 드러낸다. 유신체제의 민중폭압은 체제 말기에 이를수록 한층 강해지고 한사코 이를 제도화하려는 폭력적 사고 또한 기정화한다. 여기서 다시 생각해 보아야 할 문제가 저항주체로서의 민중역량과 그들 각자가 동원할 수 있는 실질폭력규모다. 현대사에 투영된 민중폭력의 공포효과와 제도폭력에 미칠 변화의 '정도'란 시민혁명이나 사회혁명의 그것을 따라잡기에 늘 역부족이기 때문이다. 80년대의 민중연대가 발휘한 폭력 부피는 당대의 정치질서를 바꾸는 데 어느 정도 효과적일까? 아울러 70년대의 파괴력을 계승, 발전시킬 의식적 역량도 갖추고 있었던 걸까?

학생과 민중의 중추가 먼저 봉기하고 노동세력의 집단화가 뒤 늦게 담보된 87년의 정치폭력은 그 자체로 독립적 연구주제를 이룬다. 민중폭력의 역사적 공과나 지성사적 비중을 판별하는 문제와 달리 제도폭력의 입장에선 껄끄럽고 내키지 않는 지뢰들이었다. 그렇다면 억압과 통제를 향한 제도폭력, 즉 '사법폭력judiciary violence'은 한국현대사에서 어떻게 공식화할까?

공권력 집행의 정치적 가늠자를 민중폭력으로 겨눌 때만큼 사법부 독립이나 그들 고유의 폭력적 자율성을 눈부시게 발휘하는 적도 드물다. 이는 검찰의 정치적 중립이란 별도의 연구주제를 낳는다. 아울러 제도폭력의 법적 정당성 확보는 정치억압의 가장 만만한 수단으로 오·남용된다. 이러한 비극의 단면은 87년 6월 9일의 가두정치 현장을 인용하지 않아도 좋을 만큼 즐비하고 80년대 후반의 민중폭력과 제도폭력의 충돌은 흔하디흔하다. 학생이든 일반 시민이든, 제도정치권에서 보면 민중폭력은 다 같이 불경스럽고 위태로웠던 까닭이다.

제도폭력은 군사정권이 교체할 때마다 법적 제도화의 강도를 더한다. 특히 사법폭력의 강화는 정권의 개혁명분과 늘 거리를 두었던 터다. 개혁구호와 실질적 정치억압이 비례한다는 사실은 이미 상식이며 정권 교체를 통해 이 같은 가설이 실제 '역사'로 힘을 얻는다는 점은 아무리 강조해도 지나치지 않다. 이는 곧 폭력동원의 직접적 결과다. 애초부터 국민적 지지를 확보하지 못한 신군부는 박정희의 정치경제적 유제遺題로부터 자유로워야 한다는 강박과 강성국가the Hard State의 억압구조를 고스란히 물려받은 대가를 어떤 형식으로든 치러야 했다. 권력유지만 의식하더라도 새로운 비용구조를 산출해야 한다는 부담은 상당히 버거웠다. 권력의 유지와 확장(나아가 확대재생산까지 도모하려면)을 위해 그들이 의존한 실질자원이 폭력이란 사실은 거짓처럼 당연하다.

폭력이 정치적 기회비용이 아니라 오히려 관리비용으로 필요하다는 사실은 여기서 문제의 핵을 이룬다. '힘을 지탱하기 위해 힘이 더 필요하다'는 역설은 비단 5공뿐 아니라 6공까지 계속된 제도폭력의 모순을 그대로 반증한다. 아울러 취약한 정통성의 사후 보강과 이데올로기적 보수補修를 위해 통치체계의 외피와 속내를 한층 차별화시킬 수밖에 없는 배경도 여기서 비로소 설명의 틀을 갖춘다. 다시 압축해 보면 박정희 정권의 억압지수index of suppression보다 전두환의 5공이 경직성과 압제강도에서 한층 높고 노태우 정권의 경우 전全 정권을 또 다시 웃도는 등 제도폭력의 확대재생산이 반복된다는 사실은 각 정권이 표방한 일상적 개혁과 외형적 유연성을 크게 배반한다.[25] 과거 정권의 정치적 과오를 개혁프로그램의 창출로 극복·상쇄하려 한 후발정권은 의도치 않은 민중폭력 앞에서 '폭력에 의한 폭력제거'나 그 감축만이 정통성 보강의 최고방편임을 알아차린다. 바로 여기서 8·90년대의 정치사회적 모순의 골, 즉 폭력을 관리하기 위해 폭력을 활용해야 하는 정치적 역설이 깊어진다.[26]

세기말의 사법폭력이 국보법과 집시법을 도구삼아 민중통제의 물리적 첨병이 되는 현상도 기이하리만치 예외적이다. 이 나라의 민주화가 한낱 허울뿐이며 집권자의 정치적 의지 역시 다중적 성격을 공유하는 까닭도 이 대목에 이르면 그 규명이 용이하지 않다. 민주화는 당연히 최소한의 사법폭력과 이유 있는 물리적 강제력의 적용을 요구한다. 징벌의 고통 역시 굳이 인권과 자유의 개념을 내걸지 않더라도 국가에서 상존할 이유를 강변하기 힘겹다. 하물며 '구속'과 '기소', '수감'과 '재판' 등 이를 향한 사법절차의 '강화'까지라. 정치권력의 의지를 미리 읽는 사법권력의 적극적 복무를 역사의 현실로 확인하는 작업은 바로보아야 할 또 다른 슬픔이다. 그 때, 거기선 무슨 일이 있었던 걸까.

주

1. 박종성, 『한국정치와 정치폭력 : 해방 후 권력과 민중의 충돌』(서울 : 서울대학교출판부, 2001), p. 5, p. 47.
2. 1세기라는 상대적 '장기간'이 혁명발생의 어김없는 역사 간격이란 가설은 다분히 희화적이고 작위적이다. 그러나 어쩌랴. 비록 유럽이란 공간제약은 있지만, 프랑스 혁명 이후 1세기가 되면 아래로부터 위를 향한 민중의 저항과 분노가 주기적 반복성을 또렷이 하는 것을. 역사가 이 같은 반복을 신비롭고도 과학적인 법칙처럼 보여준다는 데 연구자들이 주목하는 건 오히려 당연하다. 이에 대한 논의로 다음 연구 참조할 것. 스테판 욘손Stefan Jonsson 지음·양진비 옮김, 『대중의 역사 : 세 번의 혁명 1789, 1889, 1989』(서울 : 그린비, 2013). 뿐만 아니라 혁명의 정치사회학이 철지난 '과거분사'가 아니라 '현재진행'형임을 반증하는 학문적 논의 역시 엄연한 건 또 다른 자연스러움일 것이다. 혁명의 역사적 현재성에 대해서는 다음 주목할 것. 크리스 하먼Chris Harman 지음·한성근 옮김, 『21세기의 혁명』(서울 : 책갈피, 2011).
3. 사회학과 정치학의 국가폭력연구는 그나마 주목할 대상이다. 조희연과 김동춘 등은 사회학 부문에서 국가폭력연구의 경험적 단초를 다지고 주변학문의 본격 탐구를 견인한다. 이들의 연구는 다음 참조할 것. 김동춘, 『전쟁정치 : 한국정치의 메커니즘과 국가폭력』(서울 : 길, 2013) ; 정근식·이병천(엮음)/민주화운동기념사업회(기획), 『식민지 유산, 국가 형성, 한국 민주주의』(서울 : 책세상, 2012) ; 조희연(엮음), 『국가폭력, 민주주의 투쟁, 그리고 희생 : 한국 민주주의와 사회운동의 동학(2)』(서울 : 함께읽는책, 2002). 정치학 부문은 국가폭력의 정치사상적 탐구와 개별사건에 대한 역사적 천착으로 펼쳐지는 등 분석거점의 확장을 감안해야 한다. 손호철과 정해구,

조현연과 김정한 등의 연구가 대표적이다. 이들을 비롯한 '폭력의 정치학' 연구들로는 다음 주목할 것. 손호철, 『한국정치학의 새 구상』(서울 : 풀빛, 1991) ; 박종성, 『한국정치와 정치폭력 : 해방 후 권력과 민중의 충돌』(서울 : 서울대학교출판부, 2001) ; 정해구, 『10월인민항쟁 연구』(서울 : 열음사, 1988) ; 김정한, 『1980 대중 봉기의 민주주의』(서울 : 소명출판, 2013) ; 『대중과 폭력 : 1991년 5월의 기억』(서울 : 이후, 1998) ; 공진성, 『폭력』(서울 : 책세상, 2009) ; 조현연, 『한국 현대정치의 악몽 : 국가폭력』(서울 : 책세상, 2007).

4. 박원순의 경우가 대표적이다. 국보법의 변화와 적용의 역사는 물론 그 폐지의 당위성을 경험적으로 예증하는 그의 연구는 국가폭력의 사법적 근거와 폐해를 방대하게 추적한다. 이에 대해서는 주로 다음 참조할 것. 박원순, 『국가보안법연구 1 : 국가보안법변천사』(서울 : 역사비평사, 1995) ; 『국가보안법연구 2 : 국가보안법적용사』(서울 : 역사비평사, 1997) ; 『국가보안법연구 3 : 국가보안법폐지론』(서울 : 역사비평사, 1994).

5. 이재승, 『국가범죄 : 한국 현대사를 관통하는 국가범죄와 그 법적 청산의 기록』(서울 : 앨피, 2010) ; 박기석, "국가폭력범죄와 피해자," 전남대학교 법률행정연구소(편), 「법학논총」 제32집 2호(2012), pp. 317–338 ; 한성훈, "'사찰'국가의 인권침해와 생활세계의 식민화," 역사비평사(편), 「역사비평」 통권 100호 (2012. 8), pp. 422–453 ; "중대한 인권침해와 국가폭력 : 고문조작간첩 피해자의 사회적 고통," 한국사회학회(편), 「한국사회학회 2013 후기 사회학대회 논문집」(2013. 12), pp. 575–589.

6. 다음은 정치학부문의 연구결과지만 국가폭력의 이론적 단초와 그 적용에 주목한다는 점에서 이에 포함시킨다. 강민, "한국의 국가역할과 국가기구 : 국가구조의 재생산과정을 중심으로," 한국정치학회(편), 「한국정치학회보」 제22집 2호(1988. 12), pp. 7–31. 사실상 국가폭력의 연구현장에서 학문별 구분이나 영역의 엄정한 분획은 큰 의미가 없다. 문제는 현실의 개

선과 근본적 바꿈인데 학문적 노력이 실제로 이를 얼마나 담보할 수 있는지와 직결된다. 사회학부문의 업적도 여기서 예외일 수 없다. 김득중, "부역자 처벌의 논리와 법의 외부," 한국사회사학회(편), 「사회와 역사」 제103호(2014), pp. 55-84. 다음은 국가폭력의 학제 간 연구결과들로 굳이 유형화하자면 역사정치학적 시도라 할 것이다. 특히 구술사와 기억의 미시사연구에 주목할 필요가 있다. 김영·설문원, "구술생애사 기록을 통해 본 사회운동참여의 맥락 : 밀양765㎸송전탑건설반대운동에 참여한 여성주민들의 구술생애사 분석을 중심으로," 한국기록학회(편), 「기록학연구」 제44호(2015), pp. 101-151 ; 김정한, "5·18무장투쟁과 1980년대 사회운동," 역사문제연구소(편), 「역사문제연구」 제28호(2012), pp. 111-133 ; "5·18항쟁 시기에 일어난 일가족 살인사건 : 전쟁, 학살, 기억," 역사비평사(편), 「역사비평」 제102호(2013), pp. 363-401.

7. 김승환, "국가와 폭력," 진보평론(편), 「진보평론」 제53호(2012 가을), pp. 280-296 ; 김정한, "5·18 광주항쟁 이후 사회운동의 이데올로기 변화," 전남대학교 5.18연구소(편), 「민주주의와 인권」 제10권 2호(2010), pp. 161-190 ; 송기춘, "반전체주의의 역설," 민주주의법학연구회(편), 「민주법학」 제56호(2014), pp. 6-11 ; 신진욱, "근대와 폭력," 한국사회학회(편), 「한국사회학」 제38집 4호(2004), pp. 1-31 ; 오동석, "사상·양심의 자유와 국가안보 : '불온할 수 있는 자유'를 옹호함," 한국헌법학회(편), 「헌법학연구」 제15집 3호(2009), pp. 1-32 ; 최재식, "폭력에 관한 철학적 연구 : 폭력의 파괴성을 넘어서," 한국현상학회(편), 「철학과 현상학 연구」 제19집(2002), pp. 217-247 ; 황영주, "초기근대국가 형성에서 폭력의 문제," 고려대학교 일민국제관계연구원(편), 「국제관계연구」 제15권 2호(통권 제29호) (2010 가을호), pp. 221-251 ; 신진욱, "사회운동, 정치적 기회구조, 그리고 폭력," 한국사회학회(편), 「한국사회학」 제38집 6호(2004), pp. 219-250.

8. 강성현, "한국의 국가 형성기 '예외상태 상례'의 법적 구조 : 국가보안법

(1948·1949·1950)과 계엄법(1949)을 중심으로," 한국사회사학회(편), 「사회와 역사」 제94호(2012), pp. 87-128 ; 송효정, "해방기 감성 정치와 폭력 재현 : 해방기 단편소설에 나타난 공간 미디어와 백색테러," 한국문학이론과 비평학회(편), 「한국문학이론과 비평」 제57집 (2012), pp. 321-343 ; 안진, "미군정경찰과 국가폭력 : 억압적 국가기구의 조직과 활동에 대한 역사적 고찰," 한국사회학회(편), 「한국사회학회 2004년도 특별 심포지움」 (2004), pp. 82-102 ; 이덕인, "이승만 정권 초기의 사형제도 운용에 대한 평가 : 제주 4·3 사건 및 여순사건을 중심으로," 경희대학교 경희법학연구소(편), 「경희법학」 제49집 1호(2014), pp. 203-232 ; 최정기, "국가 형성 과정에서의 국가 폭력 : 1948년 이후 구례 지역의 민간인 학살을 중심으로," 한국사회사학회(편), 「사회와 역사」 제68호(2005), pp. 6-36.

9. 김동춘, "냉전, 반공주의 질서와 한국의 전쟁정치 : 국가폭력의 행사와 법치의 한계," 비판사회학회(구 한국산업사회학회)(편), 「경제와 사회」 제89호(2011), pp. 333-366 ; "분단이 낳은 한국의 국가폭력 : 일상화된 내전 상태에서의 '타자'에 대한 폭력행사," 민주사회정책연구원(편), 「민주사회와 정책연구」 제23집(2013), pp, 110-141. 국가폭력의 관행과 '평범성'에 대해서는 다음 연구들 참조할 것. 문상석, "일상에서 폭력의 구조화와 제3자로서 국가 다시 보기," 한국사회이론학회(편), 「사회이론」 제42호(2012 가을/겨울), pp. 149-182 ; 박홍서, "국가는 왜 주민 보호에 실패하는가? : 조선기 한반도 분쟁과 국가의 반反인민적 행태를 중심 사례로," 한국정치학회(편), 「한국정치학회보」 제47집 2호(2013. 6), pp. 45-62 ; 소병철, "우리는 서로에게 이웃일 수 있는가? : 반폭력의 연대성 구축을 위한 이성적 정치의 모색," 경희대학교 인류사회재건연구원(편), 「OUGHTOPIA」 제29권 1호(2014. 5), pp. 5-32 ; 신상숙, "1980-90년대 공권력에 의한 성폭력 사건의 젠더정치 : '국가폭력'과 '젠더폭력'의 맥락적 구성을 중심으로," 한국사회사학회(편), 「사회와 역사」 제76호(2007), pp. 227-266 ; 신진욱, "저항

운동과 폭력 : 1960-1980년대 한국에서 권력적 폭력과 노동자 저항행동의 상호작용," 한국사회학회(편), 「한국사회학회 사회학대회 논문집」(2004), pp. 727-733 ; 이성우, "국가폭력에 대한 기억투쟁 : 5·18과 4·3 비교연구," 경희대학교 인류사회재건연구원(편), 「OUGHTOPIA」 제26권 1호(2011. 4), pp. 63-86 ; 윤충로, "20세기 한국의 전쟁 경험과 폭력," 전남대학교 5·18연구소(편), 「민주주의와 인권」 제11권 2호(2011), pp. 239-277 ; 이봉범, "반공주의와 검열 그리고 문학," 상허학회(편), 「상허학보」 제15호(2005), pp. 49-98 ; 정태호, "정당해산제도와 국가보안법상의 반국가단체 구성죄의 충돌 : 국가보안법 제3조의 위헌성 논증을 중심으로," 전남대학교 법학연구소(편), 「법학논총」 제36권 2호(2016), pp. 7-40 ; 조현연·김정훈, "진보정치의 위기와 진보의 재구성 : '2012년 통합진보당 사태'를 중심으로," 비판사회학회(구 한국산업사회학회)(편), 「경제와 사회」 제95호(2012), pp. 94-127.

10. 법학부문의 학문적 천착이 현실개선으로 이어져야 할 당연한 이유는 굳이 별도의 설명이 필요치 않다. 김승환, "검찰권과 사법권 개혁의 과제," 한국헌법학회(편), 「헌법학연구」 제15권 4호(2009), pp. 135-160 ; 박상식, "국가보안법 제7조의 남용사례와 위헌성에 관한 연구," 경상대학교 법학연구소(편), 「법학연구」 제21권 4호(2013), pp. 1-30 ; 박지현, "군사독재시대의 형법학의 자취 : 형법학의 정치학," 전남대학교 법률행정연구소(편), 「법학논총」 제32권 1호(2012), pp. 257-276.

11. 국가폭력을 다룬 학위논문들은 새로운 세기로 진입한 이후 발표한 것들이 대부분이다. 이 역시 세월의 흐름을 감안해야 할 연구세대 이동과 직접 관련이 있고 민주화의 이행과 숙성이라는 정치환경 변화와도 관계가 있을 것이다. 여기서는 앞선 연구들의 경향과 주제별 분류를 감안하되, 자료의 출처만 밝힌다. 석·박사학위와 전공은 굳이 구분하지 않고 집적자료로 다룬다. 그 내용들은 주로 다음 참조할 것. 김대현, "국가보안법 제정 배경과 법

조프락치 사건," 연세대학교대학원 사학과 석사학위논문(2012) ; 김성민, "이승만 정권 초기의 반공국가 만들기(1948년 정부수립-1950년 한국전쟁 이전)," 전남대학교 교육대학원 교육학과 역사교육전공 석사학위논문(2012) ; 김정한, "대중운동의 이데올로기 연구 : 5·18 광주항쟁과 6·4 천안문운동의 비교," 서강대학교 대학원 정치외교학과 박사학위논문(2010) ; 김학재, "정부수립후 국가감시체계의 형성과정 : 1948-1953, 정보기관과 국민반, 국민보도연맹의 운영사례," 서울대학교대학원 언론정보학과 석사학위논문(2004) ; 박현주, "한국 이행기 정의의 딜레마 : 세 가지 사례의 의문사 진상규명 과정을 중심으로," 성공회대학교대학원 사회학과 박사학위논문(2015) ; 이대영, "정책변동 요인에 관한 연구 : 국가보안법 개정과정을 중심으로," 경희대학교대학원 행정학과 박사학위논문(2010) ; 이용선, "국가보안법 제7조에 관한 연구 : 제정배경, 해석 그리고 적용의 한계를 중심으로," 연세대학교 행정대학원 경찰·사법행정전공 석사학위논문(2016) ; 이택선, "취약국가 대한민국의 형성과정(1945-50년)," 서울대학교대학원 외교학과 박사학위논문(2012) ; 이헌만, "국가보안법의 정치형법적 특성에 관한 연구," 동국대학교대학원 공안행정학과 석사학위논문(2001) ; 이혜영, "제1공화국기 자유당과 '이승만 이후' 정치 구상," 이화여자대학교대학원 사학과 박사학위논문(2015) ; 조현연, "한국 정치변동의 동학과 민중운동 : 1980년에서 1987년까지," 한국외국어대학교대학원 정치외교학과 박사학위논문(1997) ; 정원옥, "국가폭력에 의한 의문사 사건과 애도의 정치," 중앙대학교 대학원 문화연구학과 문화이론전공 박사학위논문(2014) ; 채병용, "국가보안법의 존폐론에 관한 연구," 창원대학교 행정대학원 사법행정학과 사법행정전공 석사학위논문(2003) ; 홍덕호, "국가폭력을 방지하기 위한 형사법 정비방안 : 인혁당재건위 사건을 중심으로," 성균관대학교대학원 법학과 석사학위논문(2013).

12. 다양한 보고서의 '형식'보다 '내용'에 유념하다 보면 다음 결과물들은 역사

왜곡이나 축소에 맞춰지지 않고 있음을 알 수 있다. 출처의 대부분은 주로 다음 보고자료 참조할 것. 경찰청(편), 「과거사진상규명위원회 조사결과보고서·선거개입관련」(서울 : 경찰청, 2007) ; 경찰청(편), 「과거사진상규명위원회 조사결과보고서·시민단체주장 간첩조작 의혹사건 현황」(서울 : 경찰청, 2007) ; 경찰청(편), 「과거사진상규명위원회 조사결과보고서·용공조작 의혹관련」(서울 : 경찰청, 2007) ; 국정원과거사건진실규명을통한발전위원회(편), 「과거와 대화·미래의 성찰 : 국정원「진실위」보고서·총론(1)」(서울 : 국가정보원, 2007) ; 국방부과거사진상규명위원회(편), 「과거사진상규명위원회 종합보고서」 제2권·8개 사건 조사결과 보고서(상) (서울 : 국방부과거사진상규명위원회, 2007) ; 국방부과거사진상규명위원회(편), 「과거사진상규명위원회 종합보고서」 제3권·8개 사건 조사결과 보고서(하) (서울 : 국방부과거사진상규명위원회, 2007) ; 국방부과거사진상규명위원회(편), 「보안사 민간인 사찰사건 조사결과보고서」(서울 : 국방부과거사진상규명위원회, 2007) ; 진실·화해를위한과거사정리위원회(편), 「진실화해위원회 종합보고서」 I·위원회의 연혁과 활동, 종합권고 (서울 : 진실·화해를위한과거사정리위원회, 2010).

13. Rod Aya, "Popular Intervention in Revolutionary Situations," Charles Bright and Susan Harding, eds., *Statemaking and Social Movements : Essays in History and Theory* (Ann Arbor, MI.: The University of Michigan Press, 1984), pp. 318–343 ; Charles Bright and Susan Harding, "Processes of Statemaking and Popular Protest : an Introduction," *ibid.*, pp. 1–15.

14. Stephen J. Andriole and Gerald W. Hopple, *Revolution and Political Instability : Applied Research Methods* (New York : St. Martin's Press, 1984).

15. Brian Barry, "Power : an Economic Analysis," Brian Barry, ed., *Power and Political Theory : Some European Perspectives* (London : John Wiley, 1976), pp. 67–101.

16. James B. Rule, *Theories of Civil Violence* (Berkeley, CA.: University of California Press, 1988), pp. 1–17.

17. http://archives.kdemo.or.kr/isad/view/00850419

18. https://ko.wikipedia.org/wiki/5%C2%B718_%EA%B4%91%EC%A3%BC_%EB%AF%BC%EC%A3%BC%ED%99%94_%EC%9A%B4%EB%8F%99#cite_note-47 ;
http://www.newstown.co.kr/news/articleView.html?idxno=285676
http://cafe.naver.com/bohunstar/26011

19. 5·18 민중폭력을 과잉 해석한 정치군부의 판단은 막강한 진압으로 맞춰진다. 시민군의 저항을 전면 차단하기 위한 폭력적 진압은 "계엄군의 전남도청 진압작전이 있었던 5월 27일 실제 시행됐다는 것이 광주시의 결론이다. 당시 11공수부대는 27일 오전 4시쯤 도청 앞 전일빌딩과 인근 YMCA 건물에서 시민군 40여명과 총격전을 벌였다. 분석반은 '이날 20사단 작전일지에도 「무장헬기 무력시위」라는 기록이 있다'면서 '시민군을 제압하기 위해 헬기에 장착된 M-60기관총으로 무차별 사격을 한 흔적이 37년 동안 리모델링이 진행되지 않은 전일빌딩 10층에 남아있었던 것'이라고 설명했다." 강현석 기자, "계엄군, 5·18 광주 시민에 헬기 사격 증거 나와 : '무장폭도들의 핵심점을 소탕하라'" 《경향신문》 17/05/15: http://news.khan.co.kr/kh_news/khan_art_view.html?artid=201705151857001&code=940100#csidxe68a37fc802df42a1721b797d8ee085

20. 신명순은 국가폭력을 다시 둘로 나눈다. "첫째는 상황에 따른 국가폭력이고 둘째는 제도화된 국가폭력이다. 상황에 따른 국가폭력은 특정 상황에서 국가에 대한 공개적인 도전에 대항하는 전략으로 국가가 폭력을 사용하는 것으로 이러한 유형의 국가폭력은 상황이 해소되면 자동 소멸한다. 제도화된 국가폭력은 폭력이 국가지배수단의 하나로 계속 사용되는 유형이다. 그러나 상황에 따른 국가폭력과 제도화된 국가폭력이 확연히 구별되는

건 아니다. 혁명적 도전에 직면하여 폭력을 사용하는 국가는 계속적으로 강화되고 또 극렬화하는 저항세력에 대응하여 계속해서 폭력을 사용하는 것이 유용하고 또 기능적으로도 필요하다는 것을 발견한다. 이 같은 경우 국가는 지속적으로 폭력에 의존함에 따라 국가폭력은 국가의 필수요소가 되고 이는 정권의 종말을 자초하기도 한다. 국가가 폭력을 사용하는 것은 폭력적 도전이 존재할 때다. 그러나 국가가 폭력에 의존하는 가능성과 또 사용하는 폭력강도는 1) 도전세력이 갖는 특성 2) 국가가 추구하는 정치이데올로기 3) 사회구조 4) 국제환경 등에 따라 달라진다." 신명순, "국가와 폭력," 「현상과 인식」 제9권 2호 (1985 여름), pp. 79-88, *passim*.

21. 《동아일보》 보도의 면밀한 추적을 통해 당대 정치시위를 분석한 신명순은 '1공화국 이후 72년까지 24년간 모두 1,952건의 시위가 있었고 그 가운데 90%이상이 정치적 소요의 성격이 강했으며 약 8%정도가 정치적 음모였다'고 밝힌다. 연구자는 여기서 미군정기 3년마저 포함하면 모두 2,058건의 시위가 있었음을 밝혀낸다. 신명순, "한국정치에 있어 정치시위의 효율성 : 정치시위의 주동세력, 요구내용, 방법 및 대상과 이에 대한 정부의 반응," 한국정치학회(편), 「한국정치학회보」 제16집(1982), p. 28.

22. 이에 대한 자세한 논의로는 다음 참조할 것. Kenneth M. Wells, "The Cultural Construction of Korean History," Kenneth M. Wells, ed., *South Korea's Minjung Movement : the Culture and Politics of Dissidence* (Honolulu, HW.: University of Hawai'i Press, 1995), pp. 11-29.

23. 권력이 민중에 대한 시혜 주체라거나 문제해결의 최종 당사자란 사고와 이는 서로 통한다. 그러니까 민중의 요구에 대한 정부의 대응능력을 사회평등과 권력분화의 척도로 생각할 정도라면 사치일 터다. 아래로부터 위를 향한 요구 일체를 체제에 대한 위협 아니면 권위에 대한 도전이란 차원으로 이해한다든지, 그에 따라 권력은 위축·경직될 수밖에 없다고 보면 이 같은 사고는 전체주의 통치방식과 얼마든지 친화할 것이다.

24. 김광운, "1970년대 대중운동의 성장과 자주적 대중조직의 대두," 한국역사연구회 현대사연구반(편), 『한국현대사 3 : 1960·70년대 한국사회와 변혁운동』(서울 : 풀빛, 1993), p. 230 참조.

25. 정치억압추이의 자연증가분을 고려하자면, 재문민화 국면에서도 제도폭력의 강제성은 커져야 했을 터다. 하지만 이 가설이 늘 옳은 것만은 아니다. 구속 양심수의 실제통계는 김영삼 정권의 경우(4,263명), 노 정권 때(6,622명) 보다 한층 줄어들기 때문이다. 그럼에도 불구하고 김 정권 역시 권력유지와 확대재생산을 위해 사법폭력에 호소하려는 일반 관행에서 크게 자유롭지 못하다. 집권기의 매 연도별 증가분은 결코 작지 않기 때문이다.(93년: 총 188명/국보법 104명 ; 94년: 총 777명/국보법 393명 ; 95년: 총 624명/국보법 285명 ; 96년: 총 1,269명/국보법 494명 ; 97년: 총 1,374명/국보법 674명 ; 98년: 총 31명/국보법 24명–김대중 정부 출범 직전 2월 25일 현재까지의 구속자 기준) 김대중 정권 역시 집권 초(98.2–99.2) 구속자 통계에서 국보법 위반사범 총수가 413명이었던 점을 고려하면, 이는 결코 작은 부피가 아니다. 왜냐하면 이 인원을 5공(80년), 6공(88년), 김영삼 정부(93년) 출범 1년과 비교하면 80년 당시 국가보안법과 반공법(1980.12.30 국가보안법으로 흡수폐지)으로 기소한 인원 159명에 비해 2.6배 증가하고 6공 정권이 출범한 88년 한 해 동안의 국보법 구속자 104명에 비해 3.95배 늘어나며 김영삼 정부가 출범한 93년 한해와 비교할 때 무려 3배 증가한 수치이기 때문이다. 민주화실천가족운동협의회(편), 「양심수문제를 중심으로 본 1998인권실태보고서」(서울 : 민주화실천가족운동협의회, 1999), p. 7 참조할 것.

26. 분명한 사실 한 가지는 제도폭력의 억압과 분규발생이 철저히 반비례한다는 점이다. 아울러 권력교체기와 정치적 격변기 역시 노동세력의 폭력화 추이는 정체 내지 답보한다. 이는 노사분규가 갖는 정치경제적 양면성을 잘 드러낸다. 즉 경제적 이익과 이를 추동하는 자기중심성을 한 축으로 삼고

정치적 공격이나 전술적 단합 등 전략적 고려를 또 다른 바탕으로 삼는다. 이때 같은 연대단위인 지식인이나 학생 혹은 농민이나 성직자들과 노동세력은 차별성을 드러낸다. 이러한 사실은 87년, 노동정치의 변동과정을 확대할 경우 더 분명해진다. 전두환과 노태우의 정치적 손익계산이나 그에 따른 87년의 정치적 딜과 관계없이 노동세력의 약진은 그들 스스로의 정치적 힘이자 동시에 짐이다. 다시 말해 노동세력의 정치화와 공세적 전진은 제도정치권의 물리적 위축과 권력구조변화를 재촉하고 공포효과의 확산마저 보장한다. 하지만 그것은 노동세력의 자체성장과 조직 확대의 혹독한 대가를 요구하고 후발폭력마저 정치적으로 추동한다. 막상 '선언'이 단행되는 6월 분규규모와 노동세력의 폭력 최고치를 갱신하는 8월의 물리적 수위 차이는 어떻게 이해해야 할까. '선언' 이후 2개월에 걸친 노동폭력의 잠정적 이완은 민주화의 지연이나 민중배제가 이제 더는 용납될 수 없고 또 현실적으로 확인 가능할 것이란 기대 상승을 뜻한다. 하지만 막상 80배에 달하는 분규발생편차와 20배 증가한 노조설립 열기는 노동세력이 감지한 기왕의 정치억압과 심리적 불만이 어느 정도인지 추론 가능하게 한다. 다만 9월 이후 급격한 힘의 감소가 민중폭력전반의 수축이나 노동세력 내부의 전략적 변용결과인지 아니면 의도적 민주화 열기에 따른 힘의 자연적 조정 국면을 뜻하는지는 불분명하다.

II

민주화 이후의 탈민주화 : 재문민화 시대의 국가폭력과 정치억압

이 땅의 정치폭력과 민주주의는 나란히 가지 않는다. 폭력은 민주주의의 원인이자 결과인 까닭이다. 역사 속의 모든 혁명이 혁명이후 다시 그 이전 상태로 되돌아가는 자전自轉의 모습[1]과도 이는 비슷하다. 세상은 변하였으되, 속내는 과거만 못하고 절박함과 야만성으로 넘쳐나는 현실은 여전히 오묘한 탐구대상이다. 이를 다시 바꾸기 위해 실천과 노력의 명분을 궁리하더라도 비상식의 상식화와 속절없는 '원시原始'가 반복하는 패러독스도 무릅써야 할 정치적 현재다.

폭력으로 민주주의를 만들어가도 일단 구축된 체제는 스스로 권력을 만든다. 이를 지키고 키우려 자신을 겨냥하는 후발폭력을 자기폭력으로 다스린다. 이 같은 역비례의 인과론은 별도의 관찰을 필요로 한다. 폭력이야말로 민주주의의 장구한 여정에 늘 필요했지만, 결과는 바람직하거나 한결같지 않았다. 때로 허망하거나 기구崎嶇하여 민중폭력은 죽음과 온갖 불이익은 물론 신체적 고통을 수반하는 경우가 다반사다. 민중폭력은 성급한 민주화를 보장하지 않고 듬직한 정권을 수립하는 중요 자원이 되는 경우도 흔치 않다. 민중의 폭력 자원을 국가폭력의 부단한 강화와 정치억압의 합리적 근거로 악용하는 정권의 통치공학은 의외로 견고하다.

개혁을 부르짖는 체제일수록 폭력적이고 정권의 민주적 명분이 강할수록 정치억압의 비밀을 은폐하려든다. 이 같은 역설은 별 부담 없이 세기를 넘어선다. 이는 적어도 세기말의 들뜬 기대감이나 천문학적 감동과 아무 관계가 없고 그에 따른 자연적 기대상승과도 연관이 없다. 대신, 사법권력의 엄정한 단죄대상인 민중폭력을 사회통제 수단으로 활용하는 정치적 악순환의 고리에 힘을 더한다. 역대 정권마다 편차를 보이는 사법권력의 폭력화 경향은 국가폭력의 암묵적 집행도구로 법률과 공권력을 대체할 수단이 없음을 공인한다.

그러나 국가폭력이 민주주의를 낳는 기형의 세월은 오래 간다. 민주화를 지향하는 정치과정과 민중을 억압하는 정치폭력이 높은 상관성을 보이는 체제의 비극은 명료하다. 다시 정리하도록 하자. 한국 현대사의 치명적 한계는 정권교체와 국가폭력의 어김없는 성장에 있다. '통치'의 명분과 '통제'의 실제는 아무 관계도 없고 정권의 치적과 폭력의 반복은 어떤 핑계로도 설명이 가능하지 않다. '공화국'의 구축과 '정권'의 종결은 항시 화려한 자기변명을 의식하지만, 어둡고 얼룩진 역사를 사실로 고백하거나 기록하는 경우는 드물다. 아니 없었다.

군부정권의 국가폭력사용은 무의식적으로 익숙해진 과오다. 하지만 감각적인 익숙함과 도덕적 가치판단은 두말할 필요 없이 별개의 사안이다. 문제는 군부정권이 교체될 때마다 국가폭력의 투입총량은 증가하고 있고 이를 기정화하기 위한 온갖 논리개발에도 적극적이었음을 온전히 기억하는 우리다. '행위'와 '판단'은 결국 전혀 다른 인식 대상으로 부각되게 마련이며 이 같은 사실의 역사성은 지우지 못할 기록과 집단기억으로 남는다. 폭력이 폭력을 낳고 자기증식의 내부 분열을 재촉하는 궁극의 이유는 그렇다면 뭘까. 은폐와 절멸을 위한 강박의 성장? 불의와 부정을 통렬히 자각하는 정치적 원죄의식의 과잉방어? 통제와 명령을 정치의 본령으로 오인하는 의식적 오류 양산? '지시' 통치와 '복종' 정치의 잠정적 동일시? 군사폭력과 국가폭력의 영구적 혼동?

답을 기다릴 여유조차 없이 휘몰아치는 재문민화의 열기와 참여 지체의 대가는 또 다른 치명적 모순을 요구한다. 문민정권의 복원과 정치적 재현이 민주화의 자동적 정돈이나 지탱의 근거가 되지 않는다는 사실은 현대사의 또 다른 슬픔으로 남는다는 것 말이다. 재문민화된 사회에서도 국가폭력이 어김없고 이를 정면에서 부정·분쇄하려는 구조적 저항 역시 빈곤했다는 사실은 좀체 수용하기 어려운 정치적 한계로 남는다. 야권 계파의 성공적 권력쟁취에도 불구하고 사법폭력의 민중통제와 국가폭력의 반복 적용을 허여許與하는 당국의 정치적 속내는 무엇일까?

80년대 제도권력이 사법부에 기대어 민중폭력을 '통제·격리'하려 한 일련의 조치들이 자신들의 취약한 정치적 정통성의 보강보다 세상을 겁주려 한 결과임은 밝혀둔 바와 같다. 주목할 것은 제도폭력이 민중통제와 정치적 배제를 위해 기댄 법적 제어장치, 특히 국보법과 집시법 등 일련의 규범적 돌파구가 수행한 역할이다.[2] 역대 정권은 민중부문의 강력한 민주화 추동과 폭발적 정치참여를 공통의 부담으로 자각한다. 억압의 강도에 따라 '반발'과 '저항'을 별도 관리할 정치적 필요를 더욱 강하게 의식하고 운동중추와 참여촉발의 지도부는 물론 그들의 치명적 뇌관을 '배제·제압'할 유혹에 스스로 마비되어 간 과거도 지우지 못한다. 법규범은 때마다 혐의자들을 양산하고 가두며 범법자로 기정화하기 쉬운 정치적 올가미로 작동한다.

박정희 정권의 국가폭력 투입총량을 전두환의 '그것'이 능가하고 이를 다시 노태우 시대가 초극超克하는 모순의 과잉은 이 대목에서 도드라진다. 차후 김영삼과 김대중·노무현 체제의 증감 추이 역시 주목해야 할 까닭이 분명하다. 국가폭력의 전반적 증가와 전대前代의 가용可用폭력을 가뿐히 넘어서는 현재적 탐닉은 여기서 주목해야 할 정치적 자기기만의 과정이자 반민주적 배반의 증거다. 군부정권의 친폭력 성향을 반증하는 경우의 수는 고르게 확장한다. '대학생·성직자·지식인' 등 삼자연대에 의한 민주화의 압박 주변에서 군부를 옥죈 정치적 부담의 원천은 따로 있다. 노동통제가 권부의 새로운 화두로 정착하는 이유다.

국가폭력의 최전방 집행자는 경찰이(었)다. 그들 말고도 군인과 민간정보요원들의 활(암)약 역시 엄연하지만, 국가공권력의 현장집행과 이를 물리적으로 절감切感하게 만드는 핵심계기는 역시 공인된 '경찰폭력'이다. 다음 자료는 이를 반증하는 좋은 근거다. 이는 1961년부터 2005년까지 45년간 경찰이 구속 수사한 '용공容共사범'들의 연도별 변화추이다. 박정희부터 노무현 집권기까지 여섯 정권의 국가폭력투입과 집행을 현장에서 살필 결정적 자료로 이를 대체할 별도의 '것'은 기대하기 힘들다.

중요한 것은 민주화의 숙성이 단순히 시간의 흐름에 따라 자동 담보되지 않는다는 사실을 재확인하는 일이다. 민주화를 향한 숱한 희생의 대가가 더 강한 국가폭력을 강요한다는 역설은 이 기간의 대표적 정치현상이다. 상식적 믿음은 여기서 허무하게 무너지며 그 허구성은 물론 민주주의의 사상적 자기완결성을 역사에서 추론하기란 지극히 버겁다는 사실도 다시 또렷이 읽을 수 있다. 지극한 부담을 딛고 정권을 세웠음에도 불구하고 심지어 군부정권 이후의 문민정권조차 자신들의 폐부를 겨냥하는 민중폭력의 흐름과 그 각기의 정치적 비중을 다시 '차단·제압'하려 애쓴 폭력적 사고의 지탱은 권력의 허망함과 적합성의 빈곤을 잘 드러낸다.

연도	국보법 위반	구 국보법 위반	반공법 위반	계
1961	296			296
1962	· (자료없음)			
1963	102		86	188
1964	52		164	216
1965	137		163	300
1966	82		218	300
1967	194		122	316
1968	322		628	950
1969	262		539	801
1970	102		377	479
1971	82		332	414
1972	159		700	859
1973	75		369	444
1974	57		293	350
1975	32		389	421
1976	58		396	454
1977	49		295	344
1978	102		217	319
1979	166		159	325
1980	64		131	195
1981	259		62	321
1982	241		107	348
1983	· (자료없음)			
1984	67			67
1985	125			125
1986	515			515

1987	508			508
1988	175			175
1989	512			512
1990	547			547
1991	391			391
1992	281			281
1993	198			198
1994	334	100		434
1995	214	46		260
1996	375	95		470
1997	540	94		634
1998	388	86		474
1999	232	60		292
2000	104	37		141
2001	50	17		67
2002	35	10		45
2003	33	2		35
2004	88			88
2005	39			39
총계	8,644	547	5,747	14,938

〈1961-2005년간 국보법 등 위반사범의 연도별 변화와 구속자수 : 경찰통계〉

정치적 불만의 표현이나 비판 당사자들을 한결같이 용공대상으로 몰고 가는 국가는 정상이 아니다. 이들을 한사코 '국보법'과 '반공법'으로 엮으려는 당국의 획일적 사고는 쉽게 흥분하고 급히 '격리·감금'하려는 극단적 사고의 단면을 잘 드러낸다. 2007년에 발표한 경찰청 자료[3]에 따르면, 5·16 이후 45년간 경찰이 구속·송치한 용공혐의대상 총 14,938명 가운데 국보법 위반자는 8,644명으로 가장 많고(57.87%) 개정 이전 국보법 위반대상이 547명(3.66%), 반공법 위반사범은 5,747명(38.47%)등 정치적 강박이 뚜렷하다. 극단적으로 보면, 규모를 미리 정하고 그에 맞는 절차와 과정을 합법화하는 의도적 조치 아니면 사법적 치적의 정치화로도 이해할 수 있을 것이다.

질서를 핑계 삼은 모든 사회통제가 법 규범의 '강제'를 정치자원으로 요구하고 이를 담보할 최후수단으로 경찰폭력과 사법폭력을 도구화함은 상식이다. 시위대와의 공방이 난무하는 현장에서 폭력을 제압하는 한편, 과거 정권의 민주화 지표와 인권보장강도를 감안할 만한 여유가 없음이야 굳이 여기서 논의할 대상이 아니다. 하지만 국보법 위반사범의 적극적인 외연 확장과 구속을 위한 법적용에 앞서 혐의자의 물리적 확보와 단속 강화를 위한 강박적 주문에 스스로 시달린 경찰 당국의 경직성은 별도의 분석을 필요로 한다.

그것이 정권방호와 안정을 위한 경찰폭력의 과잉반응 때문인지도 여전히 불확실하다. 정치적 추론을 연장하다 보면, 군부정권 이후의 재문민화 과정은 폭발적 참여를 자극한 게 사실이다. 그에 따라 관리비용의 폭주와 긴장강도의 비례 역시 불가피하였음은 인과론으로 설명할 만큼 어려운 현상도 아니다. 설령 필요했다 하더라도, 그리고 참여의 폭발이 억누를 길 없는 욕망의 분출과 기대의 무한상승을 재촉했을망정 그렇다고 국보법과 반공법이라는 일률적 잣대 하나로 민중폭력을 국가폭력으로 제어하려 했음은 치명적인 문제로 남는다.

표에 드러난 폭력성 증가는 다음 그래프로 읽을 때 뚜렷해진다. 국보법 적용과정을 '우선계열'로 처리한 그래프 변화와 그 시퀀스는 상승과 하강의 여지없는 등락폭을 거듭하며 우려할만한 폭력 적용을 반복한다. 이는 권력 스스로가 국가폭력적용에 충분히 익숙하고 나아가 마비와 관행적 탐닉마저 유감없이 무릅쓰고 있음을 잘 말해준다. 경찰은 도무지 왜 정권의 민주적 통치명분에 역행하는 폭력사용과 자기경직성 강화에 서슴없었던 걸까. 충성과 맹종의 강화를 통한 자기현시? 자발적 복종의 확대와 일사불란한 법적용을 통한 '국가주의'의 제고? 모든 비판은 무질서의 원천이며 동조와 순응을 배제하고는 국민의 안위와 나라의 안녕을 기약하기 어렵다는 위기의식 조장?

어느 법규범에 의존하든, 사법폭력을 등에 업은 국가폭력의 반복은 심대甚大한 등락폭을 보이며 주기적 순환을 중단·포기하지 않는다. 그래프에 깃든 대로 '힘'의 지속적인 집행은 비인도적 역동성을 노골화한다. 수사권과 기소권을 엄격히 분리 실행하는 이 땅에서 경찰의 법적용과 공권력 행사를 검찰이 어떻게 수용하는지는 뒤에서 상세히 살피기로 하자. 기소율 변화와 그 경험적 추이가 경찰폭력의 그것과 어떻게 친화하는지는 지속적으로 살펴야 할 현대사의 디테일인 까닭이다.

구속자 대비 무죄건수의 연도별 변화 역시 유념할 대상이다. 국가

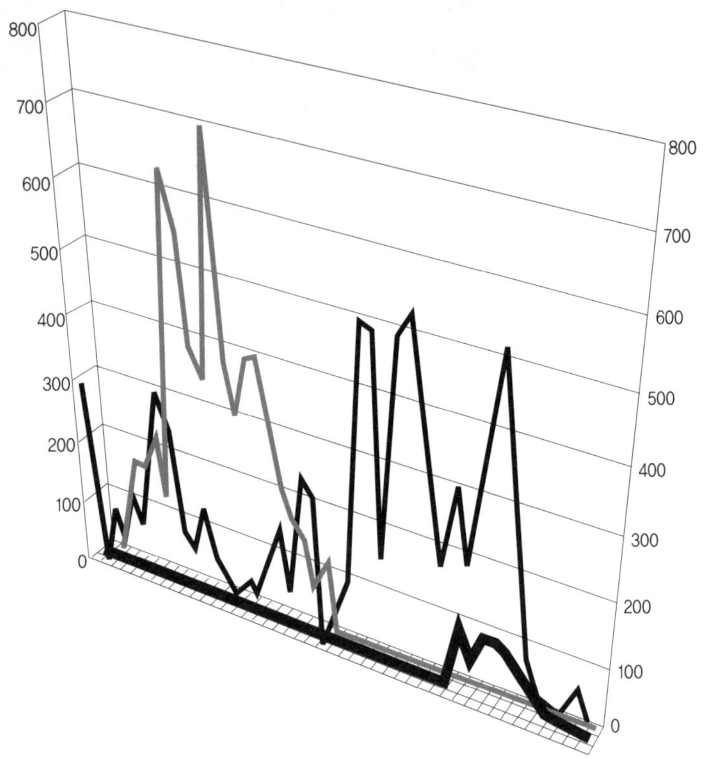

〈1961-2005년간 국보법·구 국보법·반공법 위반사범 구속추이 : 경찰통계〉

폭력의 패러독스는 사법폭력의 억압을 지탱하는 당국의 정치적 의도에서 고스란히 드러난다. 연도별, 정권별 억압 추이를 거꾸로 읽을 수 있는 근거는 다음 표에 잘 드러난다. 이는 앞의 표에 나타난 경찰의 용공사범 송치건수 가운데 일부무죄를 포함한 무죄건수의 연도별 변화를 통계로 압축한 결과다.[4] 수사와 취조과정에서 상대행적은 물론 혐의의 경중을 비교·결정하였을 무죄판단의 결과는 표에서 보듯 지나치게 초라하다.

구속자 개개인의 혐의 내용을 상세히 감안하지 않고 수사결과의 총합만 단순 대비하는 것은 문제다. '악마는 디테일에 있을' 뿐, 매크로 정의에서 드러나는 흐름과 구조로 악의 형식과 내용마저 유추하거나 구체적으로 반증할 수 없다는 사실도 감안해야 할 터다. 하지만 '모순이 모순을 낳듯', 결정적인 모순은 보다 큰 모순 안에서 자라고 뻗어나가게 마련이다. 그 속에서 책임소재를 가르고 묻는 절차 또한 간단치 않음을 염두에 두어야 하는 게 정치연구의 기본이다. 하지만 이미 축조된 악마성의 틀 속에서 분화·재생하는 부정적 내면 풍경은 그 자체로 다시 관찰할 이유와 가치를 지닌다.

박정희 정권부터 노무현 정부에 이르도록 구속 송치한 '용공혐의(조작대상)자 대비 무죄건수'의 총합과 그 역조逆調의 모순은 뭘 뜻할까. 우선 이들 두 부분의 통계수치를 절대 비교해보면 그 값은 〔14,938/162×100=1.08(%)〕로 드러난다. 45년간 용공대상자로 조작한 100명 가운데 죄가 없다고 판정한 경우가 고작 1명에 불과하다는 사실은 한국의 사법폭력이 얼마나 경직되어 있는지 기막히도록 잘 말해준다. 이 미미한 수치는 이 나라 공권력의 자기모순을 거울처럼 되비칠 뿐 아니라 이로써 국가 스스로는 아무 것도 바꾸지 못하고 기왕의 폭력에 자신이 갇혀버리고 만다는 사실을 고스란히 반증한다.

재론할 필요조차 없이, 이 수치는 무죄건수로서의 정치적 의미나 방면대상으로 누릴 인간적 자유의 가치도 충분히 반영하지 못한다. 용공조작대상으로 규모와 수치의 '다스림'을 의식할 필요가 분명하다 하더라도, 최소한의 재량으로 사법폭력주변과 인간적 배려를 염려하느니 차라리 전체주의적 발상을 지탱하는 게 더 나았을 것이다. 정치적 자기고백과 양심선언을 도모하는 데 당대 한국의 제도권력이 분연히 나설 용기를 조금이라도 기대할 수 없는 이유다.

인권의 확장과 배려의 여유란 세기가 바뀌도록 어림없었다. 정부를 비판하는 행위는 적어도 정치적으로 체제를 공격하고 위협하는 이념적 불손不遜과 동의어였고 비례非禮와 반역의 그것과도 다르지 않다. 이것만으로도 '국가'는 그 '자체'가 '폭력'이다. 1%의 무죄는 정치적 생색용으로도 전혀 도드라지지 않는 부피지만, 눈여겨볼 대목은 정권별·연도별 수치의 증감과 변동추이의 기계적 반복이다.

극소수의 무죄건수를 상당기간 유지하면서도 두 자리 숫자의 용서와 방면을 주기적으로 거듭하는 사법폭력변동은 정치적으로 어떤 의미를 지니는 걸까. 작위적 배려와 인위적 조율? 우연을 가장한 필연의 조작? 일정규모의 무죄건수 지탱과 총체적 사법폭력의 현시? 공포효과의 상습화와 무죄란 이름의 자유를 둘러싼 정치적 감은感恩효과 확장? 폭력의 상존과 예외의 특화가 빚는 정치적 변주효과 강화? 국가에게도 눈물과 인정은 숨어있다는 고의적 연출?

궁리에 궁리를 거듭해도 적확한 답을 찾을 수 없는 나라는 불행하다. 체포와 구금, 고문과 조작, 구속과 송치의 굴레를 업보처럼 반복하는 경찰폭력이 한없이 초라한 것은 1%의 풍요가 반증하는 웅변 같은 역설 때문이다. 국보법 위반사범들의 경우, 어느 한해인들 세기말에 이르도록 열 건件 조차 되지 않는 무죄수치를 유지하되 1999년이 되어서야 두 자리를 넘는 정치적 희화戱畫성은 지나칠 수 없는 이변이다. 그래프만으로 보면, 자유의 시대가 급속히 다가온 것처럼 여겨지는 것도 그 때문이다.

연도	국보법위반 무죄건수	반공법위반 무죄건수	계
1961			
1962			
1963			
1964	3		3
1965			
1966			
1967			
1968	2	4	6
1969	4	4	8
1970	2	13	15
1971	1	12	13
1972	4	2	6
1973	4	2	6
1974	8	8	16
1975	3	1	4
1976	3	5	8

1977	6	9	15
1978		6	6
1979		1	1
1980		5	5
1981	1		1
1982	9	4	13
1983	1		1
1984	1		1
1985	1		1
1986	2	2	4
1987	1	1	2
1988	1		1
1989			
1990	5		5
1991			
1992			
1993	1		1
1994	4		4
1995	1		1
1996			
1997			
1998	1		1
1999	14		14
2000			
2001			
2002			
계	83	79	162

〈1961-2002년간 국보법 등 위반구속자 중 연도별 무죄건수 변화 : 경찰통계〉

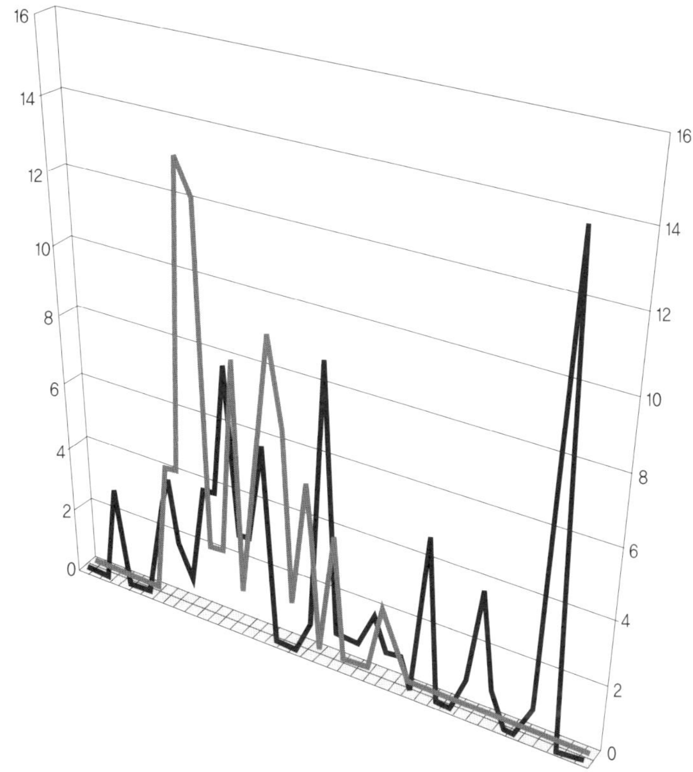

〈1961-2002년간 국보법·반공법 위반사범 중 연도별 무죄건수 추이 : 경찰통계〉

그나마 다행스러운 것은 정권의 이행에 따라 국보법 등 위반사범들의 검찰송치건수가 두드러지게 줄어든다는 사실이다. 다음 표는 그 같은 변화추이를 잘 집약한다. 박정희 정부의 압도적 우위가 전두환 정부에 들어와 크게 줄어드는 반면, 양김 시대에 이르러 감소폭이 둔화하거나 혹은 다시 소폭 성장하는 역설은 민주화 과정의 복합성을 어김없이 드러낸다. 이른바 국보법 위반사범들의 단계별 급감 추세는 '민주화 이후의 민주화' 과정에 내재한 정치적 조율과 재적응 절차는 물론 완전 배제와 청산까지는 파격적으로 실행하지 못하는 내재적 한계를 드러낸다.

구분	박정희 정부 (1961-1979)	전두환정부 (1980-1987)	노태우정부 (1988-1992)	김영삼정부 (1993-1997)	김대중정부 (1998-2002)	노무현정부 (2003-2007)
송치건수	7,776	2,079	1,906	1,996	1,019	162
무죄판결건수	107	28	6	6	15	-
비율 (백분위)	1.37	1.3	0.3	0.3	1.47	-

〈1961-2007년간 역대 정부별 국보법 등
위반사범 검찰송치·무죄판결건수 변화 : 박정희-노무현〉

그렇다면 노무현 정권에 이르러 무죄건수 제로의 시대에 진입하는 현상은 이른바 민주화의 완성이란 절대표현을 가능하게 하는 걸까. 그 같은 결정적 감소는 구체적으로 무엇을 뜻할까. 진보의 외피를 빌린 탄력적 통치공학이나 그 이상의 조치를 위한 전략적 조정 혹은 과도기적 예외현상으로 이해할 가능성은 희박한 걸까. 국보법 위반사범들의 검찰송치 이후 사법폭력집행이 경찰폭력과 어떤 변별력을 지니는지는 별도의 주제를 이룬다. 아울러 그것이 통치자의 정치리더십이나 사상의 콘텐츠 차이에 따라 직·간접 영향을 받는지 여부도 남겨진 과제다. 이에 대한 정치적 인과론이나 사법폭력의 집행 혹은 그 심화과정을 과학적으로 면밀히 추적하는 과업도 아직 기대하기 힘겨운 실정이다.

세기의 전환기를 거치며 국보법 위반사범들의 검찰송치 규모가 어떻게 감소하는지 살피려면 다음 그래프가 압축적이다. 위 표의 수치 변동을 체계적으로 이해하는데 시간 변화에 따른 자동·자연적 경감은 감안할 사항이 아니다. 그보다 기울기의 하강과 소강에 이어 잠정적 지탱에 담긴 정치적 고려와 함께 정권 차원의 사회통제효과가 단순 처리되지 않고 있음에 주목할 것이다. 사회통제강도의 전반적

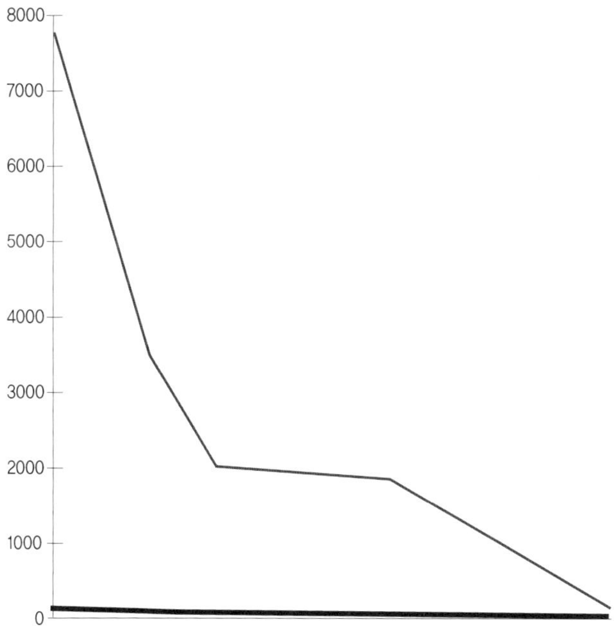

〈1961-2007년간 국보법 등 위반사범 검찰송치건수 대비 무죄판결건수 변동추이〉

하강에 이어 국보법 위반사범들에 대한 사법처리 역시 상대적으로 자유롭다는 특징도 주목해야 한다. 하지만 무죄건수의 동반 감소에 이어 다시 괄목할 만큼 상승한다는 예외적 사실에도 밑줄을 긋게 된다. '노태우-김영삼' 집권기의 상대적 하강과 김대중 정부의 재상승에 담긴 뜻을 다시 새겨야 할 이유다.

노태우 집권기의 국가폭력이 부딪친 다중의 부담은 이제 더 이상 정치억압은 없을 것이라는 사회적 기대과잉과 간만의 직선대통령이 감당해야 할 자유의 폭증과 맞닿는다. 온갖 기대가 참여와 요구를 낳고 기왕의 정치경제적 불만이 새로운 사회적 분노와 생화학적으로 결합·분화하는 혼돈의 형국은 '위대한 보통사람들'의 '길거리정치the Street Politics' 확장과 민중폭력의 분출을 감내해야 할 말기 군부정권의 위축을 한꺼번에 잘 보여준다. 과거의 억압이 다다른 군부정권의 정치적 대가는 만만치 않았다. 이제 더는 일방 통제가 어렵고 그렇다고 의도적 방임으로 문제해결을 기대하기도 힘든 상황은 그야말로 갈림길이었다.

뿐만 아니라 무죄건수의 하강과 상승의 역설은 방임의 지속에 따른 정치적 부담보다 통제가 주는 획일적 안일함에 젖어들고픈 유혹이 얼마나 강했을 것인지 잘 말해준다. 즉 정권 차원에서 민중을 다시 조이고 법으로 엮으려는 암묵적 계산이 상당기간 존치되고 있음을 반증하는 것이다. 아울러 겉으로야 사법권 독립과 재판의 독자성을 외치지만, 검찰과 법원 모두 정치적 민주화 강도와 실제적 압박을 의식하며 법적용 수위를 조절하거나 사법적 재결裁決에 임하고 있음도 절감하게 된다.

앞의 표에 드러난 국가폭력의 정권별 적용결과를 경찰폭력과 사법폭력으로 나눠 절대비교해보면 그 단면은 다음 그래프에 극적으로 잘 드러난다. 무죄건수의 단절과 지속이라는 주제를 논의의 중심축에 올려놓고 보면, 이 문제를 향한 정권차원의 대응과 정치적 용인容忍의 정도는 두드러진다. 아울러 그 기울기와 꺾임에 깃든 사회경제적 긴장강도 역시 객관적 의미 분석이 가능하다. 검찰에 송치된 국보법 위반사범 총수와 무죄 판결된 경우의 수 전체 사이의 U턴 상

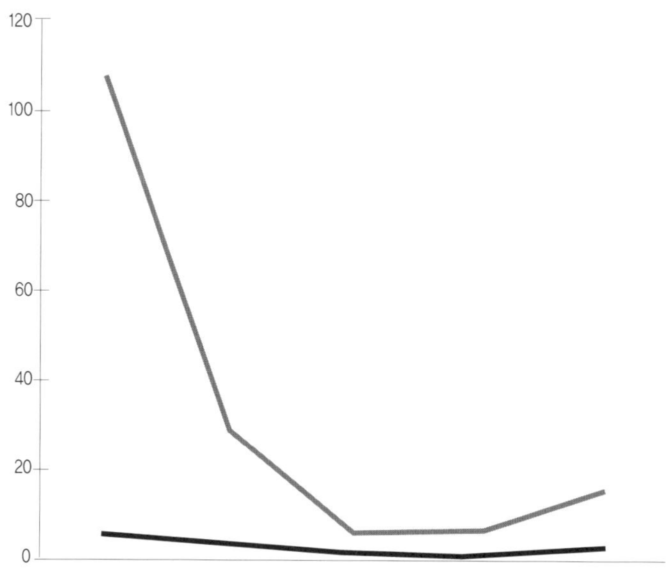

〈국가폭력의 정권별 적용추이 : 경찰폭력 대 사법폭력〉

관계수가 한층 홍미로운 관심대상이 되는 이유도 이 때문이다. 무죄의 증가와 감소에 이어 다시 숙성하는 일련의 '이탈–복원' 과정은 폭력의 유인과 면역이 빚는 정치적·사법적 변주절차에 지나지 않는다는 분석이 가능해지는 이유다.

정부별 연평균 무죄건수를 보면, '박정희정부 5.63 → 전두환정부 3.5 → 노태우정부 1.2 → 김영삼정부 1.2 → 김대중정부 3.0(건)'으로 변화의 기복을 드러낸다. 그림에 드러난 역설의 핵심은 곧 억압의 유혹과 절제의 윤리 사이를 가르는 모종의 정치적 긴장과 자기반성의 반복이다. 아울러 독재와 폭력의 시대로 아로새겨진 정치적 불편함을 감안하면, 무죄건수의 오르내림은 평균값으로 추산해도 일상의 인식을 뒤집는다. 게다가 탈권위주의의 정착과 민주화 이행기로 알려진 기간의 국보법 위반사범처리는 시대정신과 역행하는 모순[5]마저 유감없이 드러낸다.

국가폭력사용의 물리적 유혹과 윤리적 자기절제를 가르는 결정적 계기는 뭘까. 이를 밝힐 여러 대안 가운데 하나가 곧 정권별 지도자의 정치의식과 시대정신이다. 아울러 이를 읽는 사법권력의 사안별 법적용과 양형기준의 변화일 것이다. 시대가 달라지고 있다는 판단은 정치적 민주화를 담보하는 자동의 열쇠가 아니며 지도자의 이력과 정치적 위용威容이 당대 폭력의 수위와 적용의 실제를 결정하는 핵심의 요인도 아니라는 예외성은 여기서 늘 중요하다.

노태우와 6·10항쟁은 전두환과 5·18의 정치폭력을 거울처럼 모사模寫한다. 폭력이 폭력을 낳는 기이함과 정의가 부정의不正義의 태생적 원인일 수 있는 이변은 '1987년' 겨울이 지나도록 해명되지 않는다. 아니 사라지지 않는다. 또 한 번의 군부정권의 탄생을 위하여 거침없는 민중폭력이 피와 눈물과 땀의 역사를 되풀이했어야 한다는 역설은 도무지 이 땅을 뒤덮은 숱한 모순의 굴레와 어떻게 친화하는가. 5·16을 위하여 4·19가 필요했던 게 아니듯, 민간인복을 입은 군인의 또 다른 국가폭력장악을 위해 6·10의 민중폭력이 절절하였던 건 아니다.

그러나 6·29 이후 가열 차게 집중된 노동세력의 정치화에 대해 제도권력이 다시 광분狂奔한 이유는 뭘까? 노태우가 전두환의 물리적 압제와 힘의 메커니즘을 통해 민중폭력에 대응했음은 널리 알려진 사실이다. 다만 그 교묘한 물리적 통제와 그에 깃든 '비민주성'이 6공의 일상적 탈권위주의 이미지나 6·29에 대한 적극적 평가를 아끼지 않은 노태우 본인의 노력과 적잖이 어긋난다는 데 주목해야 한다. 노 정권의 자유방임적 이미지와 실체적 압제 사이의 정치적 괴리는 어떻게 받아들여야 할까.[6]

노동세력은 왜 하필 제도권력이 위축되는 시기에 맞춰 정치폭력을 사용하거나 그 이후 공격적으로 변할까. 대부분의 집단행동과 폭력적 저항행위가 제도폭력의 잠재적 부피와 역비례하는 추세는 우리의 경우도 예외가 아니다. 다만 이 땅에서 박정희 정권 내내 반복 단행한 제도폭력의 '자기 강고화'가 의외로 강한 사회공포효과를 확산시키고 차후 정치적 민주화의 민중적 계기도 상당기간 미뤄지는 걸 보면, 군부정권의 '자발적 개혁'은 그만큼 의심스럽고 허구적이다.

제도권력의 명분론적 민주화와 현실 사이의 심각한 괴리는 권력 스스로 동원한 실질적 '가용可用폭력' 증가분으로 크게 벌어진다. 다음 표는 당대 제도폭력의 정치적 증감을 체계적으로 대변한다. 이에 따르면, 노 정권에 이어 김영삼 집권기까지 노동폭력에 대한 사법폭력의 대응이 어떻게 변했는지 잘 알 수 있다. 6·29 이후 연도별 '해고·구속·수배' 노동자수의 변이의 대강은 다음과 같다.[7]

연도	계	해고(노동쟁의 건당)	구속(노동쟁의 건당)	구속(수배)자수
1987	-	-	452(0.82)	-
1988	319	240(0.13)	79(0.85)	-
1989	3,258	2,653(0.69)	605(0.37)	-
1990	1,390	904(2.81)	486(1.51)	-
1991	1,227	733(3.13)	494(2.11)	34
1992	546	362(1.73)	184(0.83)	13(2)
1993	57		46	11(3)
1994	224		161	63(11)
1995	170		170	-
1996	119		95	24
1997	54		46	8
1998	219		219	-
1999	101		72	29

〈6·29이후 연도별 해고·구속·수배 노동자수의 변화 : 1987-1999〉

표에 나타난 수치변화만 보더라도 노태우의 정치적 두 얼굴은 철저하다. 겉으로는 유화宥和와 겸양을 과장할망정, 속으로는 압제와 폭력사용을 골자로 삼는 사회통제기조를 전혀 잃지 않는다. 이른바 양면성의 공고화가 군부정권 말기의 정치적 특성이다. 폭력의 표면적 적합성이 사라지고 있다는 막연한 불안과 이를 대체할 새로운 통치자원이 마뜩치 않다는 빈곤감 혹은 허전함의 예외적 간극 때문이다. 정치적 권위주의의 노스탤지어가 정권차원의 회한과 미련未練만 재촉할 따름이라면, 이미 선포한 탈권위주의의 통치 기조를 명분 없이 바꾸거나 뒤집는 건 집권구조의 동요와 교란만 강화할 뿐이라는 내면의 판단 역시 주효奏效했다.

그러나 전국규모의 민중폭력 확장과 노동폭력성장은 현존질서파괴와 체제전복을 용인할 수 없다는 은근한 통제의 명분을 구축·강화한다. 권위주의의 자발적 폐기와 질서유지를 위한 제압의 핑계는 결국 노 정부에게 어느 것 하나 잃을 수 없는 양가적 의미로 정착한다. 풀어주며 잡아들이고 가둬두었다 옭아매는 전형적인 사법司法의 이중성과 유연한 통치구조 속에서도 무섭고 강하게 조이는 정치적 공포효과 강화에 주력하는 것이 당대 국가폭력에 스민 교묘함이다.

노동폭력의 부침浮沈은 정권교체와 사회통제부피에 따라 심하게 변한다. 다음 표에 나타난 집적통계만 보더라도 노골적인 속내는 잘 드러난다. 세기말의 기대가 시대변화와 정권의 바뀜에 따라 노동세력을 얼마나 정치화시켰는지 잘 알 수 있기 때문이다. 단서의 확증과 디테일까지 규명하려면 헤일 수 없는 사연들의 추적과 보강이 필요하지만, 매크로 수준의 변화를 통해 당대의 조건과 상황을 거꾸로 추론할 수 있다는 장점은 언제 어느 때든 중요하다. 그럼에도 불구하고 통계의 정치적 부피를 당대 국가폭력과의 관계 속에서 읽으려할 때 노동폭력의 단죄와 국보법 위반사범들을 향한 사법폭력의 징치가 선별적으로 어떤 관계를 갖는지는 손쉽게 규명할 대상이 아니다.

박정희의 물리적 사라짐과 전두환의 정치력 퇴조가 유발한 노동폭력의 괄목할 증가는 세기말에 다다른 한국정치변화와 긴밀한 상관성을 지닌다. 아울러 노태우 정권이 겪는 노동폭력의 부담을 노무현의 참여정부가 거울처럼 반복 경험하는 이치나 그에 묻어나는 정치적 유사성의 반복 역시 흥미로운 대목이다. 누르면 위축되고 방임하면 강인해지는 의외의 소극성이나 정치적 탄력성의 과잉이 구조적인 분규 감소와 어떤 관련이 있는지도 동반 천착해야 할 당대 정치분석의 과제다. 표에서 명백히 드러나듯, 중요한 변화는 세기 초의 분규급감현상이다.

1953년부터 2015년까지 63년간의 노사분규 발생건수를 연도별로 집적하면, 변화의 유형과 시기의 정치학은 두드러진다. 특히 이들 세 시기의 급격한 정치적 변곡점을 전후하여 노동폭력의 상승과 하강을 둘러싼 집합적 동기는 분명해진다. 뿐만 아니라 그들 대부분 이제는 벌 받지 않을 자신감과 집단의 익명성 속에서 지극히 자유로워진다는데 주목하게 된다. 덧붙여 '민주화'는 오래도록 간구懇求하던 목적개념을 떠나 보편의 사회현상이자 상대적으로 숙성한 정치적 개념임을 알게 된다.

연도	1953	1954	1955	1956	1957	1958	1959	1960	1961	1962	1963	1964	1965
발생건수	9	26	-	32	45	95	227	-	-	-	89	126	113

연도	1966	1967	1968	1969	1970	1971	1972	1973	1974	1975	1976	1977	1978
발생건수	104	105	112	70	88	101	-	-	102	133	110	96	102

연도	1979	1980	1981	1982	1983	1984	1985	1986	1987	1988	1989	1990	1991
발생건수	105	407	186	88	98	113	265	276	3,749	1,873	1,616	322	234

연도	1992	1993	1994	1995	1996	1997	1998	1999	2000	2001	2002	2003	2004
발생건수	235	144	121	88	85	78	129	198	250	235	322	320	462

연도	2005	2006	2007	2008	2009	2010	2011	2012	2013	2014	2015
발생건수	287	138	115	108	121	86	65	105	72	111	105

〈1953-2015년간 연도별 노사분규 발생건수 변화〉

출처 : 노동부, 「노동통계연감」, 각 년도 ; 고용노동부, 「고용노동통계연감」, 각 년도 (2010년 이후).

표에 나타난 변이과정을 다시 그린 그래프의 상대적 좌우 대칭성도 이 같은 시각으로 볼 일이다. 6·10 항쟁이후 구축된 이른바 '87년 체제'의 정치적 다변화와 대통령직선제 부활은 군부정권의 종식과 함께 재문민화의 여망에 불을 지른다. 같은 해, 전에 볼 수 없는 노

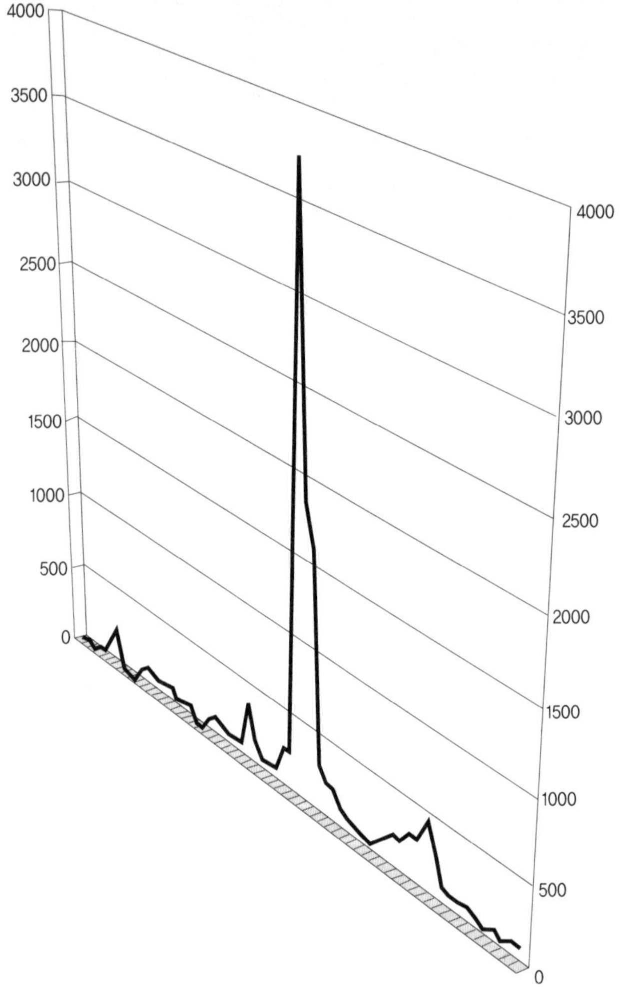

〈1987년 노동정치화의 재인식〉

동폭력의 엄청난 신장도 이 같은 조건에서 파생·확장한 민중폭력의 또 다른 분화이자 사회적 조응의 한 형식으로 이해할 것이다. 세상이 변하고 있거나 분명히 변할 것이란 예측이 선명할 때, 노동세력은 정치화한다. 다른 어느 직종보다 행동의 안전판을 집단 구축하는 그들은 이익의 정치경제학은 말할 것도 없고 자발적 동원과 상호지원의 이해 틀을 고수하면서 사회투쟁의 중요한 대행중추로 능히 민중폭력투입의 실질적 인자因子임을 자처한다.

다시 주목할 사항은 10·26 직후의 정치적 공백과 6·29 선언 이후의 정치적 이완이다. 혹은 당대의 사회적 진공眞空에 이어 노무현의 세기 초 파격정치가 불러온 자유의 폭발이다. 때마다 '팽창하는' 노동폭력과 국가폭력의 대치에 '뒤따르는' 사회적 긴장의 연장은 또 어떤가. 세상을 만들거나 바꾸진 못해도 부분적으로 재구再構할 잠재력만큼은 넘쳐나도록 확보하는 노동세력의 정치화야말로 세기 말의 완연한 사회현실로 자리 잡는다.

그들의 제한적 용맹성이 노동자 해방과 국가의 구원을 담보할 결정적 계기를 마련한 건 물론 아니다. 결정적인 모멘텀이 만들어져야만 비로소 행동에 돌입하는 정치력 부족은 한국노동폭력의 구조적 한계 가운데 하나로 본격 정착한 지 오래다. 이는 정치조건을 스스로 만들거나 분쇄할 내면의 잠재력보다 조건의 유리함을 담보로 내세우는 합리적 선택 관행과 긴밀하게 연결된다. '이익'이란 이름의 경제동기부터 공고화하려는 집단의지가 '임금투쟁'과 '근로조건개선'이라는 항구적 메뉴와 부단히 결합할 때 자유와 평등가치의 조율이나 민주화의 완성이란 거대가치처리까지 노동세력에게 묻기란 원천적으로 힘에 부쳤다.

결국 정치는 의도치 않은 행위의 결과이자 일회적 현상으로 반복한다. 권력의 당사자든, 견제와 비판을 넘어 공격과 제압의 열정으로 넘쳐나는 진영이든 어느 한 쪽만 만족할 가치점유가 가능한 게 아님을 이해하는 데도 많은 시간이 필요하진 않다. '87년 체제'의 모순은 군부정권의 종식은커녕, 연장과 정치적 심화로 두드러진다. 전대미문의 폭력성으로 국가를 향한 압박과 사회적 열정의 파편을 넘치도록 펼친 노동투쟁이나 간만의 대통령 직선제 실현에도 불구하고 정치단층의 현란한 움직임이 한결 허망해지기만 하는 건 왜일까. 변혁을 향한 얼개와 '체제'만 갖춘 채, '실천'과 '변혁'의 실질 계기는 마련하지 못하는 정치적 약체의 노출은 과연 예견된 일이었을까.

결과론적 허무의 극치는 노태우의 대통령 당선보다 그가 확보한 표의 정치적 '공제控除효과'에서 우러난다. 과반에도 미치지 못하는 득표의 빈곤은 정권의 앞날을 충분히 예견하게 했다. 36.6%에 불과한 소수정치는 압도적 반대와 함께 대표성의 위기를 돌파해야 한다는 부담부터 잠재워야 했기 때문이다. 노동세력의 극한투쟁이 지향한 정치목표와 직선제 쟁취의 '끝'이 문민정권의 조속한 수립이었다는 결정적 단서는 없다. 하지만 그건 적어도 '민간인복을 입은 군인'들의 지속적인 권력 장악과 이를 향한 유권자들의 정치적 허여로 구체화한 건 아니다.[8] 이제는 '끝내야 한다'는 압도적 여망과 정치적 기대는 그를 선택하지 않은 표의 크기에서 선명했지만 한 표라도 많이 얻은 자가 모든 걸 독점하는 '부피의 정치'는 그 자체로 모순이었다.

문민정권의 재현이 민주화의 정치적 적합성을 키우는 결정적 증좌라면, 한국사회에 필요한 건 '시간'이었다. 사람들은 좀 더 기다려야만 했다. '민간인복을 입은 민간인'이 '민간인복을 입은 군인'보다 정치적 행복을 선사·부여할 장본인이라는 기대 역시 정녕 허구가 아니었다면 말이다. 김영삼의 출현이 중요한 건 '그가' 이 같은 기대 과잉에 부응하는지 여부였다. 그리고 국가폭력관리는 물론 물리적 강제력의 선별적 동원과정에서 내세울 정치적 설득력 크기다. 김대중과의 정치적 경쟁에서 얼마나 승리했는지, 인기확보와 지지율 지탱에서 어느 정도 성공했는지는 다음다음의 주제일 따름이다.

그가 간만의 문민정권을 이끌 최적의 지도자였는지는 여전히 탐구대상이다. 재임 중 이룩한 민주화의 치적이 마냥 압도적인 것만은 아니라는 평가도 근거 없는 악의나 감정적 비판이라고만 치부하지 못할 것이다. 주목할 것은 김영삼의 집권 이후 급감하는 노동폭력이 곧 민주화의 숙성을 알리는 결정적 징표가 아니라는 사실의 중요성이다. 그리고 그것이 노동억압의 우회적 신호이자 내용상 노 정권의 계승을 예고한다는 점이다. 김 정권은 민주화 이행국면의 어느 단계를 지나고 있었을까? 그들이 종교처럼 떠받들던 '문민'의 정치비용은 구체적으로 어떤 대가를 요구했던 걸까?

분규의 감소가 반영하는 사회적 수축은 재문민화의 정치심리적 해소와 더 이상 억압은 없을 것이라는 모호한 기대사이의 조정국면으로 이해하는 편이 옳다. 노동폭력의 축소는 대항할 최고의 적으로 군부정권이 사라진 다음 다가온, 이제 막상 싸워야 할 이유가 없어진 상대적 허전함의 발로였다는 추론도 크게 틀리지 않는다. 하지만 '노·농·학' 연대와 주변 민중의 투쟁기반은 사라지지 않는다. 오히려 더 다양해진 직능집단별 요구와 노동통제의 필요는 5·6공 때보다 한결 강해진다.[9] 바로 여기서 김 정권의 제도폭력이 과거 '전-노' 정권의 그것보다 결코 유약하지 않고 물리적 통제 역시 노동외적 지향점으로 몰리고 있음을 감지하게 된다. 그렇다면 후발정권의 제도폭력은 과거 권력으로부터 어느 정도 자유로울까?

5공 7년간 양심수 발생빈도는 하루 평균 1.61명(총 4,700여명)꼴인 반면, 6공의 경우 3.6명(총 6,622명)으로 늘어난다. 6공 5년간 가장 많이 구속된 양심수 신분은 '학생'으로 전체 구속자의 약 1/3을 차지하되, 가장 많이 적용한 법률 역시 국보법이다. 김영삼 정권의 양심수 가운데 이 법으로 구속·수감된 인원 또한 적은 숫자는 아니다. 양심수 총원 4,263명 가운데 1,971명이 국보법 위반사범인 점을 고려하면 46.2%로, 1일 평균 양심수발생 빈도 2.33명 가운데 1.08명에 달한다. 이 같은 수치를 종합하면 김 정권의 정치적 재문민화 슬로건에 담긴 사회적 이완의 기대와 민중억압의 실제 사이는 크게 벌어지는 모습이다.

6공 이후 김영삼 집권기까지의 제도폭력증감이 과거 군부정권과 어떤 편차를 보이는지도 흥미로운 관찰대상이다. 이 대목에서 각별히 눈여겨보아야 할 대상이 사법폭력의 단계별 수행과 국가폭력의 제도적 합리화 과정이다. 앞서 정리한 경찰의 수사결과와 검찰송치 건수의 지속적 추적은 1차 자료의 경험적 근거로 늘 중요하다. 뒤를 잇는 작업으로는 구속수사대상의 기소여부 결정까지 '검·경' 공권력 집행의 경험치를 좇는 일이다.

범법대상에 대한 국가의 단죄를 규범적으로 적합한 사법폭력적용이라고 규정한다면 〔경찰수사 → 검찰송치 → 검찰수사 → 구속/불구속 심사(결정) → 기소/불기소 결(확)정/재판회부〕 등의 절차는 국가의 강제력을 합리화하여 일탈자를 다스리려는 공포효과의 확장과 심화과정으로 이해할 것이다. 경찰과 검찰로 이원화한 수사관할권 문제는 궁극적으로 해당기관 간 갈등의 씨앗이자 각기 수사권 독립을 주장하는 절대단서가 된다. 기소독점주의에 젖어있는 검찰이 늘 경찰 위에 군림하려는 우월적 존재인 양 인식하는 자세가 사라지지 않은 것도 어제 오늘의 일은 아니다. 수사는 함께 하되, 기소는 검찰만 하고 수사업무를 국가정보기관까지 분장分掌할 경우 경찰 수사권이 상대적으로 위축되는 경우도 감안해야 하기 때문이다.

단위 : 명

연도	1980	1981	1982	1983	1984	1985	1986
총구속자수	85,417	82,661	84,107	83,534	82,327	77,152	86,572
국가보안법 구속자 수						92	318

연도	1987	1988	1989	1990	1991	1992	1993
총구속자수	83,544	87,451	95,974	100,180	101,228	91,197	117,875
국가보안법 구속자 수	389	85	238	326	322	255	105

연도	1994	1995	1996	1997	1998	1999	2000
총구속자수	103,684	112,020	113,346	99,687	120,933	97,608	92,500
국가보안법 구속자 수	355	230	427	525	366	255	127

연도	2001	2002	2003	2004	2005	2006	2007
총구속자수	93,694	89,869	83,954	77,370	58,736	48,497	44,335
국가보안법 구속자 수	112	117	80	37	14	15	12

연도	2008	2009	2010	2011	2012	2013	2014	2015
총구속자수	41,349	42,025	32,307	29,701	28,564	29,417	30725	33,432
국가보안법 구속자 수	17	12	32	21	32	34	8	28

〈1980-2015년간 국보법 위반사범의 연도별 구속 증감현황 : 검찰통계〉

주[10] : 1. 1991년 5월 31일 반국가단체구성 등, 자진지원·금품수수, 잠입·탈출, 찬양·고무 등 편의제공, 회합·통신 등, 간첩 기타목적수행, 불고지, 특수직무유기, 무고·날조 등의 조항에 대한 법 개정이 있은 후에 1993년부터 舊국가보안법과 개정 국가보안법을 구분하여 명기.

2. 1993년도 국가보안법 구속자수는 舊국가보안법, 국가보안법 위반(기타)을 합한 숫자임.

3. 1994년도 국가보안법 구속자수는 舊국가보안법, 국가보안법 위반(간첩, 기타)을 합한

숫자임.

4. 1996-7년도 국가보안법 구속자수는 舊국가보안법, 국가보안법 위반(반국가단체구성 등, 자진지원·금품수수, 잠입·탈출, 찬양·고무 등 편의제공, 회합·통신 등, 간첩 기타목적수행, 불고지)을 합한 숫자임.
5. 1998년 이후 국가보안법 구속자수는 국가보안법 위반(반국가단체구성 등, 자진지원·금품수수, 잠입·탈출, 찬양·고무 등 편의제공, 회합·통신 등 간첩 기타목적수행, 불고지, 특수직무유기, 무고·날조)을 합한 숫자임.

위 표는 1980년부터 2015년까지 검찰이 '구속 결정'한 전체 사범 가운데 국보법 위반으로 구속된 인원들만 '선별·집적'한 연도별 통계다. 수치변이의 식별력을 높이기 위해 표에 나타난 통계변화를 그래프로 다시 압축 정리한 결과가 다음 그림이다. 반복 확인했듯이, 두 지표의 변화와 내역의 단순비교만으로는 전체 속의 부분 혹은 부분 자체의 변이가 뜻하는 전후맥락의 확인이 그리 선명치 않다. 특히 〔군부정권=폭압〕 대 〔(재)문민정권=자유(율)〕라는 극단의 선입견은 다음 그림을 예민하게 주시할 경우, 여지없이 무너진다. 이를 정확히 변별해내기 위해서라도 수치의 단순비교보다 시계열의 객관적 맥락 파악이 앞서야 한다.

만 단위의 연도별 전체 구속자 가운데 백 단위의 국보법 위반사범을 가려내는 작업은 극히 부분적이며 제한적일 수밖에 없다. 다음 그래프에서 하단의 지표변이를 손쉽게 인식하기 어려운 까닭이다. 모양의 입체성이나 꺾임의 구조변화를 객관적으로 헤아리려면 의당 해당부분을 키워보아야 할 것이다. 연이은 그래프에서 보듯, 예상보다 복합적인 구속자 변이를 읽을 수 있는 건 결국 국보법 활용을 둘러싼 고도의 통치공학과 사회통제의 국가현실이다. 민중압박의 효율적 방법 가운데 하나로 법 규범의 공포효과를 늘리고 통치차원의 응용과 확장을 정교하게 고민하는 일은 결국 이 나라 역대 정권의 주요한 과제 가운데 하나였다.

거의 직선에 가까운 그래프 하단의 지표변화가 바로 다음 그림 속에서 심한 굴곡과 불규칙한 반복경향 마저 보이는 이유는 뭘까. 그것은 입법부와 행정부를 초월하는 검찰의 직업 윤리적 견제라기보다 통치여건 변화와 정치권력 수뇌부의 의지를 읽는 수사당국의 탄력적 처신이 우선이었던 까닭이다. 권력이 법으로부터 초연하거나 법이 정치를 전혀 의식할 필요 없는 세상은 적어도 이 땅에서 실현된 적이 없다. 둘 사이의 긴장과 상호견제의 가능성이란 곧 강자의 불편함이자 불안함의 징표였고 그처럼 서로를 인식하는 경우는 적어도 '건강한 국가'라면 가능할 터였다.

국가의 안위와 현존질서의 강고한 보호가 민주주의에 앞서며 이를 위한 법규범의 자발적 복무가 세상의 한층 우위에 있음을 자각하는 일이야말로 사법폭력을 의식하는 검찰권력의 장구한 관행이었다. 그리고 삶의 항구적 준칙이었다. 민주화를 통해, 아니 민주주의의 가치수호와 독자적 목표수립을 위해 혼신의 힘을 기울인 장본인들이 국보법 적용과 '위반사범'들의 격리와 단죄 대열을 한껏 외면해버리고 마는 현상은 분명코 색다른 시대의 모순이다. 6·10항쟁의 결과가 군부정권의 안정적 연장을 획책하는 고비용·저효율의 정치변혁 고리였듯, 이제는 더 이상 국가폭력의 횡행과 권력의 발호를 염려할 필요 없어진 문민의 시대에도 구속과 기소행렬을 좌시하고만 있어야 하는 양김의 처지란 '반민주'와 '비민주'의 계곡에 스스로를 가두는 꼴이었다.

노태우 정권 말기부터 '김영삼–김대중' 체제를 관통하는 국보법 위반사범들의 지속적인 구속과 점진적 '성장·숙성'의 11년사를 다시 읽어야 하는 이유도 세 번째 그래프의 꺾임과 굴곡의 정치변동 안에 잘 드러난다. '1992–2002'년간의 검찰권력이 자발적으로 대응한 처신의 내역과 법정치적 복무 대가는 곧 정권의 안위와 국가의 튼실한 보위로 구체화한다. 36년간 이 땅에서 실행 처리한 총구속자 가운데 국보법 위반자의 구속은 이처럼 사법적 부침浮沈을 거듭한다. 하지만 아무리 강조해도 지나치지 않는 사실은 멀리서 바라보는 '부분'이나 전체 속의 하나로 지탱하는 존재의 '작음'이야 얼핏 보아 자각할 수 없다는 점이다. 하물며 그 작은 존재들의 시간적 변화와 다시 커지거나 작아지는 변화의 줄기까지 감지하는 일이랴.

아무리 평평히 빛나는 철판이나 온갖 소재의 말끔한 표면도 현미경쯤으로 들여다보면, 불규칙하고 거친 굴곡으로 가득한 물질임을 알아차리는 일과 이는 같으리라. 숲의 사연을 어찌 이파리 하나에 깃든 엽록소로 모조리 풀겠는가마는 플랑크톤이 모여 바다를 이루고 톱니바퀴 한 개가 공장의 원리를 설명해주는 미시정치의 스토리텔링도 이들 세 그래프의 굴곡과 변이의 속내를 살피자면 이해 못할 리 없다.

'전체'를 전체 그 자체로 들여다보는 사회과학과 '개체'에 오롯이 집중하는 인문학의 조율 혹은 학문적 균형도모는 여기서의 작업범위를 넘어선다. 하지만 통계와 추세변화에 치중하는 여기서의 작업이 끝내 소홀히 하거나 놓치고 말 부분이 무엇인지 미리 가늠하는 건 아무리 강조해도 지나치지 않다. 중요한 것은 민주화의 '자동성'이나 역사적 '단계성'이 전혀 허구이며 지도자의 과거 투쟁경력과 권력 장악 후 통치행태의 '민주성' 또한 완전 별개의 것임을 명료하게 인식·인정해야만 한다는 사실이다. 군부정권의 국보법 활(악)용보다 문민정권의 사법적 통치공학이 양적으로 더 풍요롭고 교묘하며 후대의 정권일수록 구속과 압박의 강화를 골자로 삼는 국가폭력의 '불편한' 과잉에 익숙해지는 모순은 뭘 뜻할까.

비록 개정 국보법 위반사범과 개정이전의 위반사범들을 모두 합친 숫자이긴 하지만, 김영삼 집권기의 '그들'이 과거 군부정권의 역대 통치자들이 단행한 사법폭력 집행건수를 순차적으로 초월할 뿐더러 김대중 정부의 '그것'까지 합산할 경우, 해방 후 법의 이름을 빌린 '양심수' 억압과 국가폭력사용에 유난히 탁월한 당사자들 역시 양김이었다는 사실마저 재확인하게 된다. 민주화 투쟁에 가장 먼저, 그리고 오래도록 몸 던진 장본인들이 자신을 겨냥하는 민중의 폭력화 현상과 각종 요구를 초연히 견뎌내지 못한 모순은 국가폭력집행의 최고결정권자가 통과할 정치적 한계치고 유난히 허망했다. 누구보다 민주적이라고 자처한 지도자들이 재임 중 가장 비민주적인 경험치를 최고수준으로 독점한 예외적 불일치 앞에서 그들은 하나같이 침묵하고 있었다.

이 같은 정치적 기이함도 자세히 들여다보지 않고선 알 수 없는 은밀함을 배반의 정서 안에 가둔다. 사법폭력이든 국가폭력이든 더 정확히 표현하면, '폭력'을 '폭력'으로 절감하는 당사자는 '개인'이며 이를 대신 감지할 집단이나 제3의 존재는 전무하다고 보는 게 옳다. 사법司法의 이름으로 자행되는 온갖 불편함과 고통의 객관적 총체화 the totally objectified란 그래서 원천적으로 불가능할 것이다. 의도했든 아니든, 그 틈새를 파고드는 역대 문민정부의 '국보법 정치'는 결과적으로 당국을 겨냥하는 민중폭력의 단속과 사법적 관리의 지름길로 작동한다.

투쟁과 저항을 일삼는 시절의 '운동정치'와 당면한 권력으로 정책을 집행하고 민중의 요구를 여과하는 역할변화가 예상보다 쉽지 않은 '직업정치'임을 모르지 않는 우리다. 하지만 국보법의 완전폐지나 근본개정은커녕, 기왕의 통치공학에 용이하게 동화하는 관행과 답습은 당대 정치의 치명적 한계로 고스란히 남는다. 세 번째 그래프 안에서 요동치는 하단의 굴곡과 상승 혹은 하강의 정치과정처럼 이를 지탱하려는 숨은 욕망의 정치화는 질기고 단호했다. 어느 쪽 변동과정을 어떤 각도에서 잡든, 렌즈를 당기는 손끝과 눈동자에 비치는 실망의 사연들은 이 땅에서 국보법이 얼마나 효율적인 다스림의 힘이자 치명적 짐인지 어김없이 반증한다. 저 '꺾임'의 동학이 장차 어디로 어떻게 바뀔는지 '아무도 아무 것도' 모르는 채 말이다.

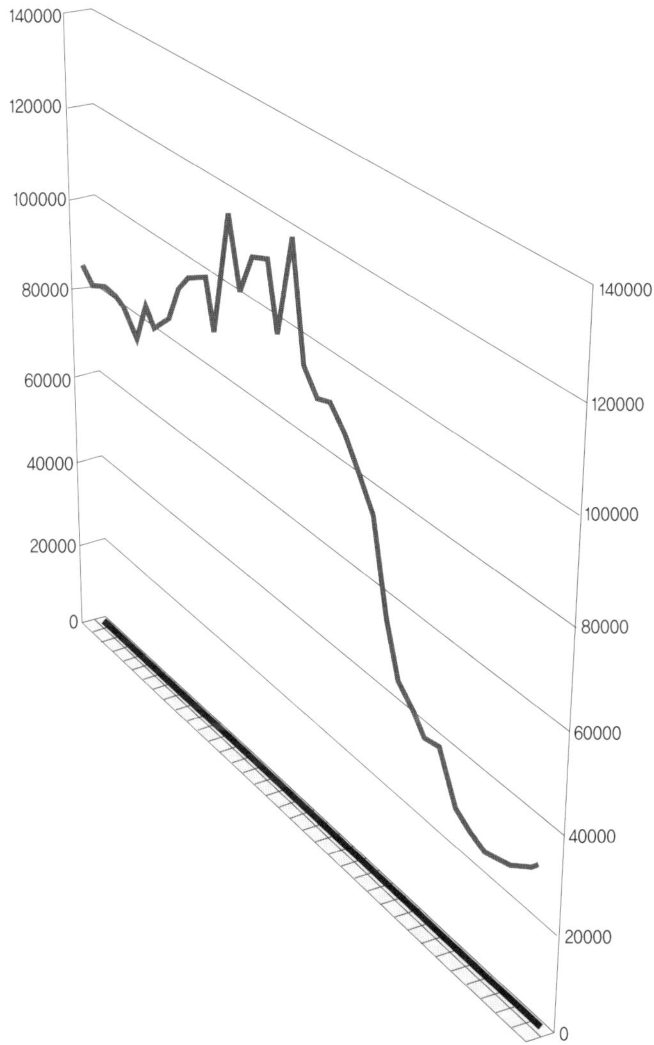

〈1980-2015년간 전체구속자 대비 국보법 위반사범의 연도별 구속 추이 : 검찰통계〉

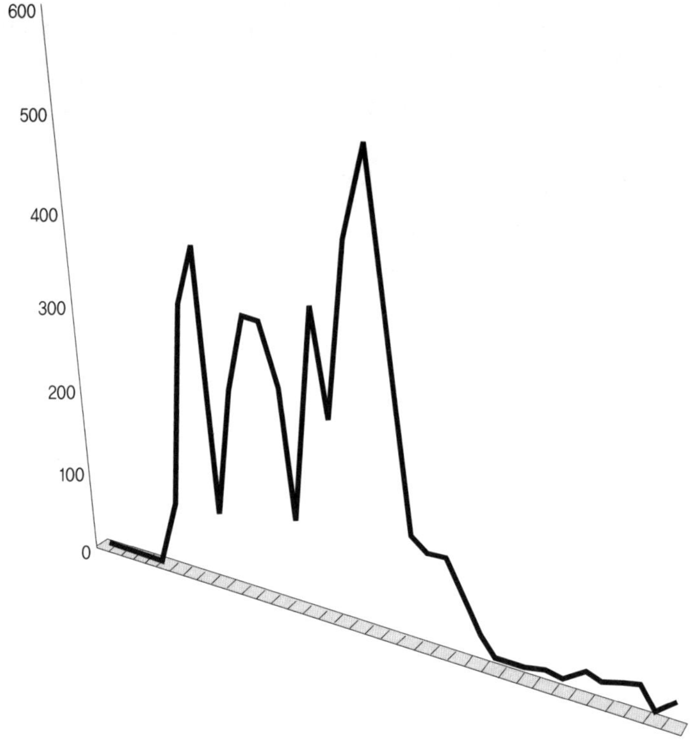

〈1980-2015년간 국보법 위반 구속자 연도별 증감 : 검찰통계〉

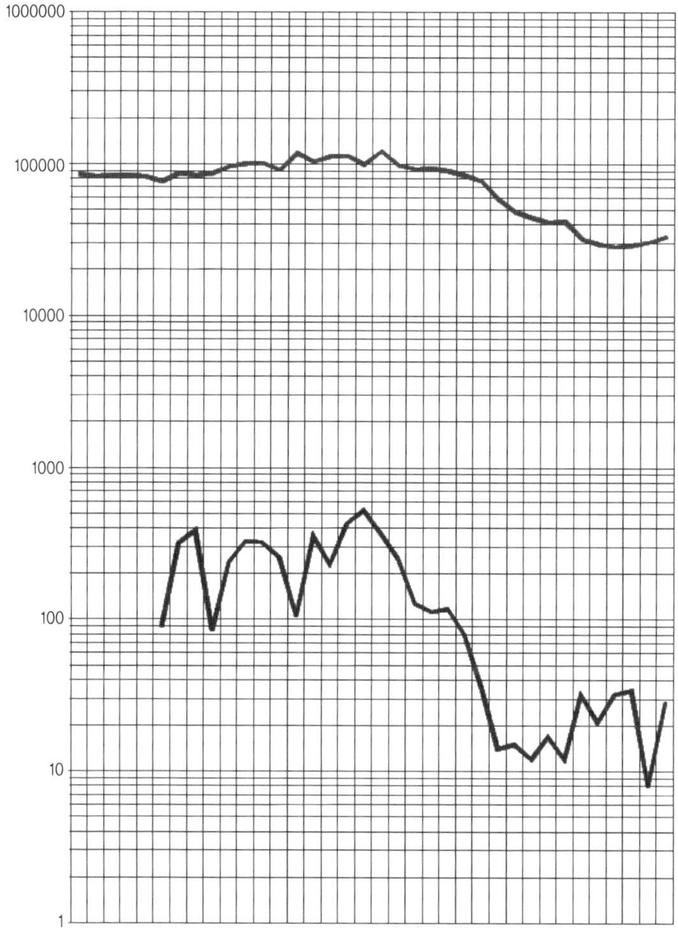

〈1980-2015년간 전체구속자 대비 국보법 위반
구속자의 연도별 상승과 하강 : 검찰통계〉

주

1. 이에 대해서는 다음 참조할 것. 박종성, 『혁명의 이론사 : 그 연구는 아직 끝나지 않았다』(서울 : 인간사랑, 1991), pp. 15–16.
2. Seongyi Yun, "Politics of Democratization in South Korea : Social Movements and Their Political Opportunity Structures," Dissertation Paper, The Ohio State University (1997), p. 89.
3. 경찰청(편), 「과거사진상규명위원회 조사결과보고서 · 용공조작 의혹관련」(서울 : 경찰청, 2007), pp. 165–167.
4. 위 보고서, pp. 167–169 참조할 것.
5. 많이 가두고 많이 풀어주는 현상과 적게 구속한 다음 적게 방면하는 폭력의 상대성은 단순 잣대로 재단하기 힘겹다. 여기서는 이 문제까지 거론할 여유가 없다. 다만 통계의 절대값으로 시대의 폭력성을 논의하고 정권별 변별력을 가릴 따름이다.
6. 당대의 노동통제에 대한 정치적 예외성을 분석하는 이강로의 주장은 주목할 필요가 있다. "노 대통령은 1988년 2월 취임부터 1989년 중반까지 노동자들의 집단행동에 유연하게 대응하여 집권 초기에 노동자들의 집단행동을 전두환 대통령처럼 공권력을 동원하여 일방적으로 탄압하지는 않았다. 그러나 1989년 여름 공안정국을 고비로 하여 노 정부의 대對노동태도는 경직화되어 '좌익폭력세력'에 대한 경고를 계속하면서 노사분규에 따른 임금인상과 국가경쟁력 약화, 기업의 투자심리 위축, 노사 간의 직업윤리파괴를 지적하고 노동의 '생산성 제고'를 호소하면서 노동쟁의를 강하게 탄압하였다. 특히 노동쟁의의 적법성에도 불구하고 다른 형법조항으로 구속된 노동자가 전체 2,384명 중 84.8%인 1,991명이고 또 구속된 노동자의 절대다수가 노조지도자라는 것은 진보적 노동운동이 현 정치제도를 긍정적으로 받

아들일 수 없게 하였으며 정부에서 강조하는 민주적인 절차나 제도에 대하여 불신할 수밖에 없었다. 노 정부하의 노사분규는 1989년을 정점으로 쟁의발생신고, 분규발생건수, 불법분규건수, 분규참가자수, 근로손실일수 등 각 영역에서 상당히 감소하여 1992년에는 그 발생비율이 1989년 대비 각각 39.0%, 14.5%, 7.6%, 25.7%, 24.1%에 불과하는 등 전반적으로 안정화되었다. 그러나 1989년 이후 분규의 평균지속일수는 별 차이가 없는데 이는 노사분규가 발생하면 상당기간 진행되었던 것을 알 수 있다. 1990년 노사분규는 1989년보다 대형화, 장기화되었는데 이는 1989년보다 대기업에서 노사분규가 발생하여 장기화되었기 때문이며 1991년에도 대형 기업들의 분규가 강하여 전년보다 대형화되었다. 이러한 대규모 사업장에서의 파업은 비록 발생회수는 적었지만 정치·경제·사회적 충격은 훨씬 더 강했다. 그러나 노태우 대통령 재임 중 노사관계가 안정화된 것은 노동과 정부의 타협에 의한 결과가 아니라 진보적 노동세력이 정부의 탄압과 대규모 파업에 대한 비판적인 국민여론을 의식하여 그들의 전술을 변화한 것에도 기인한다. 즉 노태우 정부는 노동의 요구를 제도권 내에서 해결하지 않았으며 노사안정은 강요된 준법상태라는 불안정한 상태였던 것이다. 물론 1990년 이래 노사분규의 안정이 노사양측의 교섭경험축적과 진보적 노동세력의 이념적 투쟁에 대한 일반노동자의 외면이라는 지적도 있지만 정부의 불법 노동쟁의와 연대파업에 대한 강력한 의법 조치에 힘입은 바 크다." 이강로, "한국에서 진보적 노동운동의 성장과 민주주의 공고화의 진행 : 1990-1999," 한국정치학회(편),「한국정치 학회보」제33집 3호(1999), pp. 140-142, *passim*.

7. 박종성(2001), 앞책, p. 409 참조할 것.

8. 서중석은 '한국민주주의의 쟁취와 진전에 지대한 공헌을 한 민주화운동세력의 정치적 무력화'를 6월 항쟁의 한계로 짚는다. 서중석, "6월항쟁의 전개와 의미," 민주화운동기념사업회 한국민주주의연구소(엮음)·서중석 외(지

음), 『6월 민주항쟁 : 전개와 의의』[6월 민주항쟁 30주년 기념 연구서](파주 : 한울아카데미, 2017), p. 58.

9. 경험적인 토대로 '전-노' 정권의 노동통제는 형혁규, "한국의 노동통제정책 : 제 5·6공화국을 중심으로," 미발표원고 참조.

10. 총구속자수의 경우, 국회도서관이 소장하고 있는 1986년 판 「검찰연감」 통계를 따른다. 이에 따르면, 1966년 이후 20년간의 수치 확보가 가능하다. 국보법 구속자의 경우, 직전 년도 수치만 제공하고 있어 1985년도 이후 통계부터 확보 가능한 실정이다.

III

민주화의 연장과 일탈 :
노무현과 이명박의 사법권력 확장

부분으로 전체를 유추하거나 서둘러 논리를 키움은 할 것이 아니다. 조바심이나 그에 근거한 보편화가 섣부른 결정론의 배양토가 되는 사정도 어제 오늘의 염려 대상은 아니다. 부분은 전체가 아니며 전체의 작동과 변화를 설명·견인할 결정적 단서가 아니란 사실도 힘주어 강조할 필요는 없다. 전체의 움직임은 전체 그 자체의 고유한 메커니즘으로 바라보아야 한다. 이를 대체할 신비롭고 매력적인 단서를 찾거나 미시적 근거만 믿고 도약과 생략을 무릅씀은 안 그래도 낮은 과학성과 불모의 예측가능성을 더 불안하고 빈곤하게 유인하는 사회과학의 함정이다.

그럼에도 불구하고 '부분'만큼 '전체'의 구성 원리와 운용의 맥락을 이해하는 전례典例도 흔치 않다. 부분을 들여다보면 전체가 잘 보이는 이유다. '밖'에서 '안'이 더 잘 보이며 각별한 관찰과 탐문探問의 계기가 만들어지듯, 귀퉁이와 모서리는 때로 핵심과 중앙을 읽는 단서가 된다. 김영삼과 김대중이 저지른 결정적 패착敗着 역시 권력을 잡기 전까지 외치던 '민주'와 '자유'의 가치 실현보다 서둘러 다스리려고만 들던 통치의 실용적 '효율' 때문이다. 예전에 자신이 그러했듯, 정작 자기 향해 돌팔매 던지는 이들은 보려하지 않은 까닭이다. 정권 차원의 기능적 판단은 반성과 후회를 섞기 한참 늦었지만, 다시 살필 곡절의 크기가 사단의 의미와 맞먹는 것도 그래서다.

손호철 역시 김대중 정권 출범직후의 국보법 위반사범 구속이 김영삼 정권의 그것을 크게 웃도는 현상을 개탄한다. 특히 김대중의 구속 선호가 당대 정부의 신자유주의 정책채택과 그에 대한 구조적·조직적 저항의 지나친 대응이었다는 점에서 폭력 과잉의 한계를 짚는다.[1] 그는 이렇게 말한다.

> 김대중·노무현 정부라는 자유주의정권 10년 동안 국가보안법 구속자 등 양심수가 대폭 줄어들어 자유권이 크게 향상되었지만 김대중 정권 초기의 경우 등 양심수가 오히려 이전보다 늘었었다는 사실에 주목할 필요가 있다. … 충격적이게도 취임 후 8개월 안의 국가보안법 구속자수는 김영삼 정부 시절 60명에서 김대중 정부 들어 287명으로 오히려 무려 4.7배가 늘어났다. 이 같은 '기이한 현상'이 일어난 것은 김대중 정부가 집권 초기 경제위기극복을 위한 신자유주의정책을 강력하게 추진하면서 이에 대한 저항을 단기간에 잠재우기 위해 이에 저항하는 노동자 등에 대해 무리하게

불온서적 소지혐의 등을 이유로 국가보안법으로 구속했기 때문이다. 국가보안법 위반 구속자 수만이 아니다. 오랫동안 양심수 현황을 추적해온 민가협의 집계에 따르면 전체 양심수 역시 김영삼 정부 초기 8개월 동안 134명에 불과했던 것이 김대중 정부 들어서는 538명으로 4배로 늘어났다. 다시 말해, 신자유주의정책에 의한 (신자유주의적) 경찰국가적 억압성이 김대중 정부가 갖고 있던 자유주의적 경향, 민주주의적 경향을 압도한 것이다.[2]

정권의 이행에 따라 '국보법 의존'이라는 극한의 사법공학을 스스로 억제·극복하려는 경향이 짙어짐은 그나마 다행이다. 김대중 정부 역시 초기의 억압과잉을 이겨내면서 국가폭력을 의식적으로 줄이고 노무현 정권에 이르면 그 같은 자세는 정치적 관행으로 자리 잡는다. 노무현 자신의 정치적 작정作定도 큰 몫을 하지만, 민중폭력의 사회적 관행과 확장에 따른 면역효과가 전국화한 결과이기도 했다. 지도자의 의지가 정치문화의 축적과 추종의 예例를 크게 앞지르는 단서가 되는 이유도 여기서 잘 살필 수 있다.

피의자를 구속할 '강제력'을 검찰과 법원이 집행한다는 사실은 국가가 부여한 합법적 제도폭력으로 위력을 지닌다. 이를 강조·인정하는 것 자체가 자칫 교과서적 홍분의 원인이나 거부의 단초가 될 수 없음도 물론이다. 질서의 유지는 국가와 권력 혹은 정권이 존재하는 근본 이유이자 정부의 존치와도 직결되는 까닭이다. 하지만 여기서 문제로 삼는 특정 법률의 공적 존치와 적용이 왜 특정 지도자의 집권과 특정 시기에 유독 높고 강하며 반대현상을 보이는지는 지속적 쟁점으로 논의의 무게를 더한다. 국보법은 과연 정권유지의 짐인가, 힘인가?

구속 전 피의자를 심문, 국가안위와 사회질서를 해害할 중대한 범법행위를 저질렀는지 판단하고 단죄의 법집행 근거를 마련하는 힘은 검찰과 법원이 사용하는 대표적 사법폭력이다. 사법부와 행정부의 상호견제는 있을 수 없다고 치부하면서도 최고 권력의 의지와 정치적 입장 차이에 따라 법적용 수위와 단죄 부피를 달리하는 관행은 탐구의 치명적 공백으로 남아있다. 특히 국보법의 경우는 심하다.

다시 생각해보자. 한국의 사법권력은 왜 정권의 의지와 집권자의 정치노선 혹은 대통령의 존재감을 의식하는 걸까. 일상의 비판적 표현으로 '검찰은 정권의 시녀'란 인식을 흔쾌히 피할 만큼 자율적 독립성을 견지하지 못한 해방 후 검찰 권력의 정치적 예속은 뭘 의미할까.

민주화 추진세력의 정치적 득세 여부는 차치하고라도 '김영삼-김대중' 정권의 법정치적 위선과 허구는 군부정권의 일상적 독재와 궤를 같이 한다는 점에서 관심의 초점을 이룬다. 무엇보다 자신들이 그다지도 경계·경멸한 국가폭력을 정치권력 장악이후 거의 독점하다시피 하는 법정치적 오류는 당대의 긍정적 치적들을 잠식하는 치명적 근거로 남는다. 검찰과 법원은 이 대목에서 늘 자유롭고 초연하고자 애쓴다. 법 규범을 방패삼아 공권력 행사의 기준을 만들고 혐의자를 재판에 회부하기 위한 절차적 정당성을 독점하는 검찰은 질서유지와 사회평화를 정의롭게 유지한다는 대의명분을 국가와 공유한다. 검찰이 정치적일 수밖에 없는 이유의 대부분은 여기서 설득력을 갖춘다.

국보법 위반사범들에 대한 검찰 기소가 역대 정권별로 어떤 변화와 폭력적 부침을 보이는지 살펴봄은 당연하다. 언제 어느 때든, 검찰은 자신들의 판단이 집권자의 의지나 당대의 정치문화와 상관없다는 자세를 견지한다. 구속적부심을 포함한 법원 판결 역시 검찰과 변호인 사이의 규범적 이해 차이를 감안·비교하고 가장 정의로운 판단과 불편부당한 규준을 마련하는 데 진력한 것으로 세상은 받아들인다.

하지만 이들의 결정이 당대 정치문화는 물론 권력의 법정치적 판단과 차별적일만큼 늘 중립적이거나 독립적인지는 별도의 치밀한 추적이 필요하다. 기소는 검사의 영역이며 판결은 판사의 고유 업무라는 사실은 엄연하다. 그럼에도 불구하고 그들의 판단에 깃든 모종의 정치성이 최고 권력의 그것과 친화력을 발휘하거나 법 해석과 적용 과정에서 자발적 접점 모색에 성공하는 경우의 수가 국보법 위반사범들의 경우 유독 민감하며 집중적 경향을 드러낸다는 점도 주목할 일이다.

범법자를 재판절차로 회부하는 결정적 계기가 검사의 손에 달려 있다는 사실은 아무리 강조해도 지나치지 않다.[3] 국보법을 포함한 주변법률이 안보와 질서유지라는 명분아래 민중폭력을 구축驅逐하기 위한 단죄근거이자 국가폭력집행의 제도적·합법적 도구가 된다는 사실도 재론의 여지는 없다. 이 당연한 상식을 종합하면, 국민의 인신을 가두고 일정기간 격리시킴으로써 질서가 먼저라는 명분을 앞세울 수 있는 것도 제도폭력의 독점 때문임을 재확인하게 된다.

다음 자료는 군부정권이 끝난 직후에도 지속적 증가세를 보인 국보법 위반사범들에 대한 제도폭력의 위압을 잘 말해준다. 특히 세기말의 변화를 거치면서도 국가폭력이 새로운 정치환경에 적응하지 못하고 기왕의 고압적 단속과 철저한 사회통제전략의 관행에 업히려는 경향을 버리지 못한다는 사실도 읽을 수 있다. 이는 곧 학생들을 지속적으로 검거하고 때맞춰 부침하는 노동세력의 저항과 구속도 연장시킨다. 앞서 확인한 것처럼 박정희 정권의 집권연장과 구속과잉은 굳이 상관성 여부를 찾을 필요 없이 해방 후 가장 선명한 우위를 드러낸다.

제도폭력의 집행에서 다음으로 높은 수준의 고압적 자세를 보인 경우가 김영삼 정부였다는 사실도 힘주어 말할 필요가 없다. 여기서는 김 정권 출범직후부터 다섯 명의 대통령이 집권할 때까지 국보법 위반사범들의 기소부피를 비교하기로 한다. 특히 근로기준법 위반사범들과 역대 정권별로 어떤 편차를 보이는지 견주어보기로 하자. 문민정권의 재현이 이 대목에서 어떤 변별력을 지니는지 먼저 살핀 다음, 군부정권의 역대 편차와 정치적 변이과정은 나중에 보기로 하자.

먼저 살피려는 대상은 '김영삼-박근혜' 정권까지의 역대 지도자별 기소변화와 물리적 높낮이다. 1993년부터 2015년까지 한정, 23년간 발행된 「검찰연감」을 면밀히 따지면 국보법 위반사범들과 근로기준법 위반사범들의 기소율 변화는 편차 폭이 그리 크지 않다. 하지만 전국 규모의 검거와 단속에 이어 집중적이며 대대적 통제를 의식한 당국의 사법적 투망범위는 '넓고도 깊다'. 기껏해야 두세 자릿수에 불과한 국보법 위반사범들의 사건접수부피와 견주더라도 근로기준법 위반사범들은 다섯 자리에 달하는 규모였기 때문이다. 역설적으로 받아들이면 전자는 후자에 가려 존재 자체가 아예 미미하거나 범법자로서의 폭력성 여부는 물론 법 위반 여부조차 확인하기 힘겨울 정도다.

연도	1993			
죄명	접수	기소	불기소	기소율
국가보안법	223	129	79	57.3
근로기준법	14,109	6,769	6,993	48.0
집시법	296	55	230	18.6

연도	1994			
죄명	접수	기소	불기소	기소율
국가보안법	714	426	159	59.7
근로기준법	14,842	6,796	7,135	45.8
집시법	497	112	275	22.5

연도	1995			
죄명	접수	기소	불기소	기소율
국가보안법	412	255	82	61.9
근로기준법	16,986	7,658	8,149	45.1
집시법	501	107	295	21.4

연도	1996			
죄명	접수	기소	불기소	기소율
국가보안법	595	450	56	75.6
근로기준법	19,183	9,122	9,004	47.6
집시법	3,836	186	1,199	4.8

연도	1997			
죄명	접수	기소	불기소	기소율
국가보안법	830	609	94	73.4
근로기준법	23,850	9,804	12,818	41.1
집시법	1,837	267	1,047	14.5

연도	1998			
죄명	접수	기소	불기소	기소율
국가보안법	802	394	296	49.1
근로기준법	35,164	17,773	15,368	50.1
집시법	1,292	152	803	11.8

연도	1999			
죄명	접수	기소	불기소	기소율
국가보안법	717	277	328	38.6
근로기준법	36,187	18,119	16,578	50.0
집시법	1,780	183	889	10.3

연도	2000			
죄명	접수	기소	불기소	기소율
국가보안법	393	169	150	43.0
근로기준법	36,009	17,802	16,751	49.4
집시법	1,083	224	537	20.7

연도	2001			
죄명	접수	기소	불기소	기소율
국가보안법	302	133	97	44.0
근로기준법	40,797	20,355	18,956	49.9
집시법	978	221	568	22.6

연도	2002			
죄명	접수	기소	불기소	기소율
국가보안법	302	154	105	51.0
근로기준법	39,913	20,007	18,561	50.1
집시법	1,057	311	532	29.4

연도	2003			
죄명	접수	기소	불기소	기소율
국가보안법	211	111	52	52.6
근로기준법	51,610	26,395	23,477	51.1
집시법	999	278	386	27.8

연도	2004			
죄명	접수	기소	불기소	기소율
국가보안법	164	81	38	49.4
근로기준법	57,528	30,837	25,272	53.6
집시법	1,086	367	565	33.8

연도	2005			
죄명	접수	기소	불기소	기소율
국가보안법	107	41	43	38.3
근로기준법	58,876	28,695	28,607	48.7
집시법	1,356	313	693	23.1

연도	2006			
죄명	접수	기소	불기소	기소율
국가보안법	131	34	78	26.0
근로기준법	60,239	26,904	31,923	44.7
집시법	1,391	401	710	28.8

연도	2007			
죄명	접수	기소	불기소	기소율
국가보안법	101	37	51	36.6
근로기준법	56,702	24,180	31,015	42.7
집시법	1,478	800	429	54.1

연도	2008			
죄명	접수	기소	불기소	기소율
국가보안법	93	53	25	57.0
근로기준법	52,597	22,886	28,341	43.5
집시법	1,388	714	353	51.4

연도	2009			
죄명	접수	기소	불기소	기소율
국가보안법	93	51	26	54.8
근로기준법	60,868	27,434	31,817	45.1
집시법	1,274	620	357	48.7

연도	2010			
죄명	접수	기소	불기소	기소율
국가보안법	201	77	63	38.3
근로기준법	53,947	24,330	27,948	45.1
집시법	1,268	580	552	45.7

연도	2011			
죄명	접수	기소	불기소	기소율
국가보안법	357	93	66	26.1
근로기준법	49,718	22,040	25,666	44.3
집시법	1,577	603	604	38.2

연도	2012			
죄명	접수	기소	불기소	기소율
국가보안법	384	110	83	28.6
근로기준법	54,350	24,192	28,272	44.5
집시법	1,103	529	343	48.0

연도	2013			
죄명	접수	기소	불기소	기소율
국가보안법	459	192	28	41.8
근로기준법	56,588	23,926	30,103	42.3
집시법	1,084	367	365	33.9

연도	2014			
죄명	접수	기소	불기소	기소율
국가보안법	512	86	140	16.8
근로기준법	57,254	23,888	31,058	41.7
집시법	1,272	501	451	39.4

연도	2015			
죄명	접수	기소	불기소	기소율
국가보안법	496	77	87	15.5
근로기준법	57,285	23,319	31,925	40.7
집시법	1,219	422	399	34.6

〈1993-2015년간 국보법·근로기준법·집시법 위반사범의 기소율 변화와 편차 : 검찰통계〉

출처 : 대검찰청(편), 「검찰연감」, (1993-2015·각년도)

주 : 1. 1993년 이전 기소율은 (기소건수÷처리건수)이고 1994년 이후 기소율은 (기소건수÷접수건수)임. 처리건수는 당해 접수건수에서 차년도로 넘기지 않고 당해 처리한 건수임.

2. 집시법 위반사범의 경우는 '소요·집회 및 시위에 관한 법률위반·화염병 사용등의 처벌에 관한 법률 위반' 피의자들을 합친 숫자임.

3. 「검찰연감」에서 1994년 이후 기소율을 표기하지 않음에 따라 필자가 계산함.[4]

집시법 위반사범의 경우는 국보법 위반과 근로기준법 위반사범들 사이의 중간규모로 집계된다. 경우에 따라 국보법 위반사범의 기소율보다 낮은 해도 있지만, 거의 대부분 세 자리 접수부피와 처리건수를 유지하며 고른 기소율마저 지탱한다. 중요한 것은 이들 다수에 묻혀 거의 보이지 않을 정도의 기소율을 유지한 국보법 위반사범들이 전체 흐름 속에서 지속적으로 증가하다가 김대중 정부 후반 사법폭력이 잦아든 다음, 두드러진 감소세를 보인다는 점이다.

전체적 증감 궤도를 이탈할 정도로 감소폭을 키운 결정적 시기는 2004년이다. 이 해는 국보법 위반사범들의 기소부피가 세 자리에서 두 자리로 줄어드는 원년이다. 하지만 이는 민중폭력의 구조적 퇴조나 정치적 잠재력의 자발적 반납을 의미한다기보다 앞서 지적한 대로 '대통령'의 통치철학을 의식하는 사법부의 자기경각과 당대의 정치문화를 감안한 권력의 억제효과에 기인한바 크다.

바꿔 말해 국보법 위반사범들의 폭력적 잠재력이나 정치적 파괴력의 근본 위축에 따른 현상이라기보다 검찰을 향한 권부의 압박과 대통령 본인이 절감·주도한 사법개혁의지의 정치적 결과였다. 정치권력의 의지와 정책당국의 심중을 읽는 검찰권력의 민감한 촉수와 이에 따른 법정치적 운신의 긴장과정으로 파악할 필요도 짙다. 이를 입증할 결정적 증좌는 물론 없다. '문화'와 '상황'을 심증으로 이해하거나 분석적 진술을 위해 유력한 단서 하나에 집착함은 과학적이지 않음을 모르지 않는 우리다.

그러나 정치권력이 의도하는 통치의 기본을 읽고 이를 뒷받침하려는 제도폭력의 집행 주체 스스로 민중폭력의 흐름을 차단·계도해야 할 의무를 저버리는 법은 좀체 없다. 특히 통제와 단속의 고삐를 검찰이 독점 장악하는 문화는 저들이 입버릇처럼 말하는 정치적 중립이나 제도적 독립과는 관계가 없다. 뿐만 아니라 폭력집행의 압도적 주체가 자신의 가책苛責을 무게삼아 정치적 결백을 고백·토로할 것이라고 기대하긴 더 힘겹다. 재판의 진행을 국가폭력의 또 다른 영역으로 거부하거나 탐색과 고발로 노출시킬 또 다른 국가범죄[5]일수도 없다는 점에서 표에 드러난 기소와 기소율 변화는 각별히 중요하다.

위 표의 법정치적 변동이 반영하는 의미와 성격은 간단치 않다. 무엇보다 기소권을 독점하는 검찰과 우선 수사권을 장악하는 경찰의 폭력 균점均霑이 문제의 으뜸이다. 하지만 말이 균점이지 아무리 수사를 먼저하고 송치한다 한들, 검·경의 수사 갈등은 이 대목에서도 첨예하다. 현장에서 검거·압송한 대상자들 말고 우선 법적용을 마친 혐의자 처리과정에서 검찰이 온전히 '그들'만 상대로 기소여부를 고민했는지 살펴볼 필요가 있다. 이를 위해 앞서 헤아린 경찰의 연도별 국보법 위반사범 검찰송치 대상자 숫자와 위 표에 드러난 정권별 검찰기소 대상자를 견주어보도록 하자.

다음 그래프는 그 변동과정을 압축한 결과다. 옅은 선이 경찰의 연도별 검찰송치건수이고 진한 선은 검찰의 기소건수 변화다. 그래프에 따르면, 두 선의 변동궤적은 일치하지 않는다. 전체적 부침과 기복은 비슷해도 디테일은 다르고 편차는 깊고 넓다. 즉, 검찰은 경찰수사에 구애받지 않고 강한 상대적 자율성을 누린다. 특히 국보법 적용을 둘러싼 인식차이와 권력을 의식하는 양 진영의 행태는 당연히 달랐다. 예를 들면, 검찰의 수사는 결코 경찰수사만 토대로 진행되지 않는다. 검찰은 검찰대로 수사를 별도 지시·지휘할 수 있고 심지어 군 검찰이나 국가정보기관의 독자적 수사결과를 참조·연계할 재량권을 지닌다. 국가폭력은 따라서 광범위하며 구조적인 강제력과 이를 집행·견인할 복잡한 하위영역의 자발적·타율적 복무에 의해 구성되는 '불편한 힘'의 총체다. 검찰의 '기소'는 그 거대폭력의 한 모서리 아니면 일부 절차에 지나지 않는다.

집시법과 근로기준법 위반사범의 기소까진 그만두더라도 국보법 위반사범에 대한 검찰의 연도별 기소비율은 경찰의 제도폭력수위를 훨씬 능가하며 결과론적 총량 대비에서도 압도적 우위를 점한다. 국보법 위반사범들의 경우, 경찰수사는 제한적일 따름이고 기왕의 검·경 갈등을 의식하지 않더라도 두 부문 사이의 정치적 불편함은 단순한 경쟁이나 질투를 넘어서는 모종의 감정적 골까지 감안할 정도다.

엄밀히 따지자면 검찰이 기소한 국보법 위반사범분포는 1). 경찰이 수사를 마치고 검찰에 송치한 경우와 2). 검찰의 재수사 과정에서 탈락·배제하거나 자체 정보분석에 의한 신규색출 혐의자, 3). 국가정보기관의 별도탐색과 특별수사결과 합류한 추가혐의자, 4). 군 수사당국의 이첩과 추후 수사에 따른 법 적용대상자의 확장 등으로 나

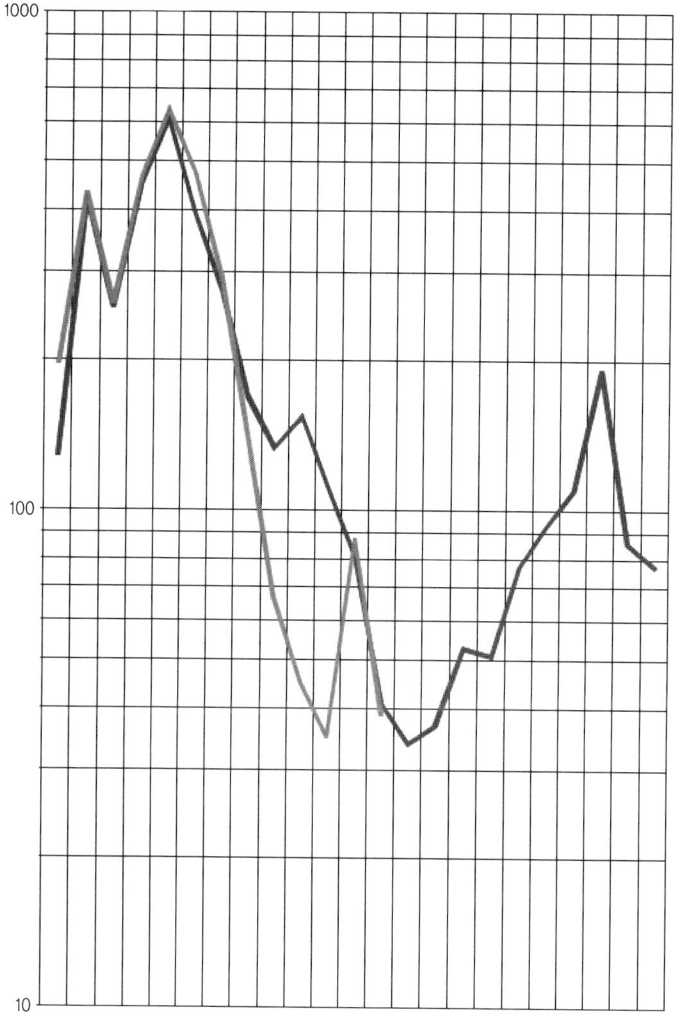

〈1993-2015년간 국보법 위반사범에 대한 경찰의
연도별 검찰송치건수와 검찰의 기소건수 변화〉

눠볼 수 있다.

그러나 이들 분포의 체계적 근거나 과학적 검색은 따로 기대하기 어렵다. 기소건수의 총계 구성에 대한 검찰의 객관적 발표나 해당 수사당국의 별도 양심고백을 기대하기도 난망한 현실을 감안하면, 이 역시 거시추론과 역사적 상상의 결합으로 이해할 터다. 중요한 사실은 정권별 통계의 합산과 기소건수의 총계를 역추적하면, 세기의 전환과 국보법 위반사범의 기소건수는 현저히 소강상태로 진입한다는 점이다. 여러 지표들의 복합 비교를 통해 이미 확인했듯, 증가추세의 구조적 둔화와 획기적인 약화 계기를 이룬 시기는 김대중 정부였고 그 역시 집권 후반기에 이르면 기소율이 크게 잦아든다.

통치권자의 자각과 정책당국의 자기검열이란 측면에서도 증가추세의 획기적 둔화원인을 찾을 수 있다. 하지만 퇴조의 중요한 이유는 단지 새로운 세기를 향한 천문학적 흥분이나 역사적 기대에 따른 사회 심리적 이완 때문만이 아니었을 것이다.[6] 나라 안팎에서 구조적 경감의 단서를 찾은 김대중의 노력도 노력이지만, 누가 더 국보법 위반사범의 인간적 배려를 위해 애썼느냐는 물음 앞에서 노무현의 존재감은 지속적으로 돋보인다. '국민의 정부'와 '참여정부'라는 두 정권의 자기 성격규정은 모종의 의미론적 동심원 즉, 성격의 공약수로 인해 변별력을 떨어뜨리는 게 사실이다. 하지만 기소율 저하의 결정적 원인은 바로 지도자의 경각과 공권력의 정치 행정적 긴장에서 답을 찾는 것이 주효하리란 판단이다.

더욱 중요한 물음이 꼬리를 문다. 크게 두 가지로 나뉜다. 국보법 위반사범들에 대한 '김대중–노무현' 정권의 구조적 자세변화와 '구속–기소'의 획기적 퇴조는 이들 전반에 대한 근본적 배려를 뜻하는지가 우선의 물음이다. 이로써 두 정권의 정치적 한계는 최소화될 수 있는지의 의문이 다음을 차지한다. 즉, 법률의 존폐 자체를 사회적 의제로 숙성시키는 데 끝내 성공적이지 못한 두 정권의 법정치적 공과는 여기서 비교적 강한 선명성을 지닌다. 기존의 악법을 크게 바꾸거나 없애지 못한 채, 기왕의 법률문화와 정치적 구속성에 불가피하게 갇히는 상대적 예속시기로 한정하는 방법 말이다.

국보법 위반사범의 구속과 기소는 현저히 줄어드는 반면, 의외의 국가폭력은 착실히 늘어나고 있었다. 그건 뭘까. 김영삼 정권 이후 박근혜의 정치적 몰락까지 이어진 예외의 법정치적 위선은 따로 있다. 특기할 사항은 1). 국보법 위반사범들의 기소율 변화가 이명박 정권 후기를 변곡점으로 다시 살아난다는 사실과 2). 노동자들의 집단행동을 견디지 못하는 문민정권의 순차적 일탈이다. 즉, 명분론적 민주주의의 존속을 위한 비민주적 관리체제의 옹호와 지속적 억압구조의 확장 등으로 집약할 것이다.

다음 표는 김영삼 이후 역대 문민정권의 정치적 위선과 사상적 이중성을 여지없이 압축한다. 하나같이 민주화를 외치고 자신의 집권이야말로 새 시대를 여는 역사의 징표인양 여겼지만 내막은 달랐다. 겉으로야 스스로를 개혁의 적임자로 내세우는데 한결 같았어도 정

단위 : 명

구분	김영삼 정권	김대중 정권	노무현 정권	이명박 정권	계
기간	1993-1997	1998-2002	2003-2007	2008-2012	20(년)
국가보안법 위반구속자수	1,642	977	158	114	2,891
연평균	328.4	195.4	31.6	27	144.55
노동자 구속자수•	632	892	1,042	449	3,015
연평균	126.4	178.4	208.4	89.8	150.75
계	2,274	1,869	1,200	563	5,906 (295.3)

• 윗글, p. 26 참조.

〈재문민화 이후 역대 정권의 국가폭력관리〉

작 민중폭력의 중추가 저돌적 비판과 적극적 공격의 화살을 겨누는 일이야말로 정치적으로 버겁기 그지없던 셈이다. 파업과 집단행동을 이유로 노동자를 가두고 국보법 위반을 핑계 삼아 피의자 신분의 불편함과 부담감을 절절하게 체득하는 데 서슴없다는 사실은 당해 연도 집권자의 정치적 과거를 새삼 되돌아보게 만든다.

김영삼의 정치적 이중성은 여러 차례 강조한 바 있지만, 군부정권의 압도적 구속과 금압조건을 손쉽게 뛰어 넘는 계기는 국보법 위반사범의 대대적 검거와 구속이다. 이를 다시 뒤엎는 정치폭력의 변곡점이 김대중 집권 초 새롭게 마련되고 통제의 서슬로 민중부문을 긴장시킨 과거도 세기말 한국정치가 기억하는 희한한 자화상이다. 무엇보다 주목해야 할 또 하나의 예외적 이변은 노무현 정부에서 일어난다. 문민정권 최고의 노동자 구속숫자를 자랑하는 당대의 특징과 성격을 적합하게 이해·설명할 틀은 그렇다면 뭘까.

국보법 위반사범의 현저한 퇴조와 피의자 기소의 두드러진 감소는 노무현 정부의 이념적 기조와 잘 어울린다. 그 스스로가 '사회주의자'란 라벨에 별 부담을 느끼지 않고 비로소 바꿔야 할 세상과 맞부딪치는 일 앞에서 두려움을 갖지 않는다는 사실은 그 자체만으로도 빛나는 터다. 그럼에도 불구하고 바로 그 예외의 무게감이 앞의 기대감마저 무너뜨리는 순간은 허망하다. 재임 중 그가 겪는 정치 윤리적 중량감의 상실과 이를 둘러싼 실망까지는 그만두더라도 역대 문민정권 가운데 가장 많은 노동자 구속으로 압도적인 노 정권의 사법폭력은 특이하다. 제아무리 합법적, 합리적 공권력 사용의 당위성을 강조한다 하더라도 그것이 곧 '높고 강한' 사회적 설득력을 동원하진 못하기 때문이다.

노 정권은 임기 중 총 158명의 국보법 위반사범들을 구속시켜 연평균 31.6명꼴로 낮은 사법폭력수위를 지탱한다. 이 수치를 근로기준법과 집시법 등 위반사범들의 그것과 교차 비교하거나 피의자 개인에 대한 건별 기소 여부까지 종합하면 규모의 디테일은 물론 달라진다. 하지만 같은 기간 국보법 위반사범의 구속수와 비교해 거의 일곱 배에 달하는 규모의 노동자구속이 단행되는 건 이례적이다. 연평균 208.4명꼴이다. 월별로 나누면 그 평균값은 17.37명꼴이란 계산이 나

온다.

특정법률을 위반한 피의자들의 사법처리와 이를 또 다른 처리결과와 선별 비교한다는 건 자칫 무책임할 수 있다. 하지만 드러난 수치와 통계변화의 경험 지평이 엄연한 정치적 의도나 강력한 방향성을 지닌 폭력적 공권력일 경우, 얘긴 달라진다. 쟁점 법률을 위반한 피의자들의 양적 증가는 물론 사법처리가 상궤를 이탈하는 경우의 수는 눈여겨볼 필요가 분명하기 때문이다. 노 정권 5년간의 전체 구속자수 가운데 국보법 위반사범 피의자와 구속 부피는 다른 정권과 마찬가지로 일부분일 따름이다. 노동자 구속수도 마찬가지다.

그러나 이들 두 구속자 부분을 선별 종합하면, 그 숫자는 정확히 1,200명에 달한다. 끝수의 말끔함에도 눈이 가지만 연평균 240명의 구속이란 매월 20명, 매일 0.67명꼴로 산정할 수 있다는 결론이다. 다른 어느 지도자보다 민주주의에 각별한 관심을 갖고 모범적 대통령으로 자처하고 싶었던 그도 독재를 주도한 이들과 크게 다를 바 없다는 사실에 눈길은 꽂힌다. 핑계 없는 무덤 없듯, 구속의 사유도 물론 있고 그 엄중한 명분 앞에 사법권력의 '폭력화'는 공권력으로서의 위세를 다 갖춘 다음이었지만 말이다.

문제는 다른 정권의 경우와 견줄 수 있는 수치의 단순한 크고 작음이 아니다. 그래프의 꺾임과 변화가 주는 충격효과보다 결코 그렇지 않았으리란 일상의 기대와 민중보편의 바람을 저버리는 허무와 배반이 컸던 터다. '모범적이었어야 할' 지도자마저 지지자들을 이탈

케 할 실망의 폭과 깊이를 그러나 사람들은 자주 잊는다. 아예 인식조차 못한다. 결과적으로 박근혜 집권직전까지 문민정권 네 번의 기간 동안 두 법률 위반사범 총계 5,906명의 연평균값 295.3명, 월평균 24.61명꼴의 구속수치와 견주어 봐도 이는 결코 낮은 수치가 아니다. 단지 평균값을 밑돌고 만다는 허망한 분석에 머무르지 않겠다면 말이다.

이와 관련, 김대중 정부 이후 역대정권이 범하는 한결같은 오류는 따로 또 있다. 국보법 위반사범들을 향한 검찰의 기소권 과잉 행사다. 노동자 구속의 경우와는 첨예하게 엇갈리는 국보법 위반 구속자 수의 급감急減과 달리, 다음 그래프에서 읽는 정치사상의 자유는 기소과잉 대목에서 몇 차례 다시 무색해진다. 앞서 제시한 역대 정권의 국보법 위반사범 기소변화를 위의 표에 나타난 문민정권 구속자 수와 병렬 비교하면, 이는 두드러진다. 수치변화의 역사적 변별력을 높이기 위해 이 법이 가장 강한 정치적 위압성을 보인 60년대(박정희의 국보법 피의자 기소 당시)부터 김대중 정권까지의 기소변화추이를 들여다보자. 아울러 앞서 살핀 현대사의 역사적 현재성을 이어보도록 하자.

엄밀히 따지자면, 박정희 시대 이전의 경험 자료와 사법적 단죄근거 역시 다루는 게 순서다. 제1공화국 수립 직후 이른바 '반공국가'를 만들려 애쓴 이승만 정권부터 헤아리는 게 당연하다. 하지만 당대 정치질서의 혼돈을 합리적으로 제어할 제도화 수준도 감안해야

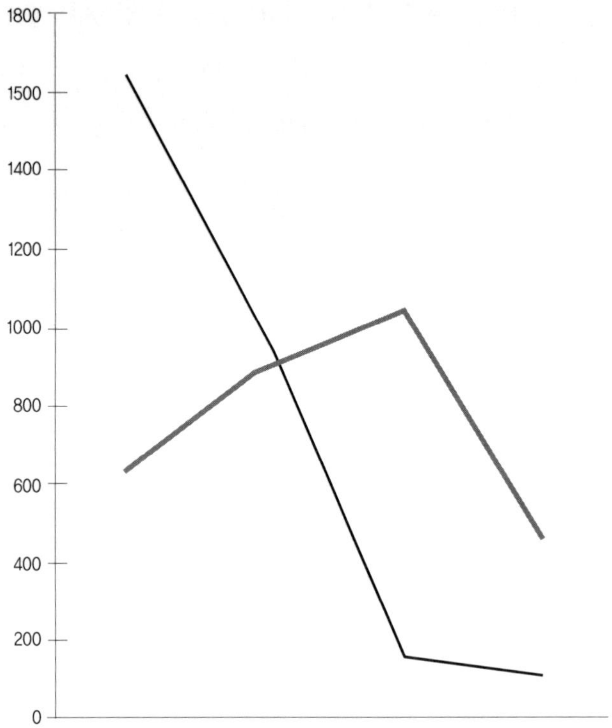

〈재문민화 이후 역대 정권별 국보법 위반 구속자 대비 노동자 구속자 증감 : 김영삼-이명박〉

하고 전쟁을 감당할 군사력만큼이나 기민하게 사회통합을 도모할 정치력마저 기대하기 어려웠음은 또 다른 문제로 남는다. 국가폭력 역시 미분화 상태에서 집행되는데다 사법부 독립이나 수사·검찰권 중립이란 개념도 엄정한 상황이 아니었다. 실정법에 근거한 공적 규범체계의 사회적 금압과 최소한의 공포효과만 담보하는 미진한 국가자원 즉, 초보적 제도폭력과 사법권만 동원되고 있었다.

경고만 거듭하는 수준의 국가폭력은 사실상 '폭력'으로서의 위력을 지니지 못한다. 실정법체계를 갖추었을망정, 머잖아 발생하는 전대미문의 전쟁이 그나마 사법적 관리대상으로 피의자 처리를 방해하거나 적법한 재판보장을 원천 불가능하게 했으리라고 얼마든지 추론할 수도 있다. 정확히 추적하자면 1948년 12월 1일, 국보법이 제정·공포되고 49년 12월 19일에 1차 개정, 50년 4월 21일에 2차 개정이 이루어지지만 이 같은 '재·개정'이 모두 당대 '남로당' 활동을 비롯한 좌익세력의 제거를 목적으로 삼았음은 재론의 여지가 없다.[7]

이 기간 동안 이 법을 위반한 이유로 처벌받은 사람들 규모는 얼마나 될까. 유감스럽게도 이를 헤아릴 믿을만한 근거는 현재 남아있지 않다. 한국전쟁으로 인한 기록의 유실과 소멸은 물론 이는 대부분 당시의 불완전하고 미숙한 행정·통계능력에 기인할 것이다.[8] 이에 대한 정확한 통계 추적이나 과학적 분석은 기대하기 어렵지만 단편적 자료는 아직 유효하다. 49년 한해에 국보법으로 입건된 숫자만 118,621명에 이른다는 수치도 있고 당시 형무소에 수감된 전체 인원 가운데 8할이 국보법에 의한 좌익수라는 보고도 있다.[9] 이 수치가 풍문의 수준을 넘으려면 보다 정밀한 증거가 필요하지만 현재로선 이 정도의 국부적, 단발적 근거만 남아있는 실정이다.

결과적으로 1·2공화국 당시의 국보법 위반사범들의 사법처리나 재판기록을 크게 기대할 수 없는 현실이고 보면, 박정희 시대 이후로 경험적 탐구범위를 한정함은 불가피하다. 그 시기가 하필 혁명을 빙자한 쿠데타 단행 이후 정치적 민주화를 제한하는 개발독재시대의 확장이고 보면, 국보법의 정치적 활용은 불 보듯 당연했다. 다음 표는 따라서 이에 대한 법률정비 이후, 본격적 사회통제의 일환으로 체제에 대한 저항과 정치적 민주화의 열기를 사상적 일탈로 다루려는 박정희 정권의 법정치적 관리양식과 그 흐름의 단절 혹은 지속을 종합한 결과다. 국보법은 물론 집시법과 근로기준법 위반사범들의 기소와 불기소 정도를 견주면, 당대의 억압과 이완의 크기도 헤아릴 수 있다.

연도	1966			
죄명	처리	기소	불기소	기소율
국가보안법	243	137	104	56.4
근로기준법	170	42	128	24.7
집시법	229	26	203	11.4

연도	1967			
죄명	처리	기소	불기소	기소율
국가보안법	242	153	87	63.2
근로기준법	204	41	163	20.1
집시법	389	84	299	21.6

연도	1968			
죄명	처리	기소	불기소	기소율
국가보안법	656	529	112	80.6
근로기준법	213	101	112	47.4
집시법	203	109	90	53.7

연도	1969			
죄명	처리	기소	불기소	기소율
국가보안법	530	435	82	82.1
근로기준법	226	154	69	68.1
집시법	125	73	49	58.4

연도	1970			
죄명	처리	기소	불기소	기소율
국가보안법	389	333	52	85.6
근로기준법	237	139	98	58.6
집시법	106	57	47	53.8

연도	1971			
죄명	처리	기소	불기소	기소율
국가보안법	332	257	75	77.4
근로기준법	287	220	66	76.7
집시법	161	91	67	56.5

연도	1972			
죄명	처리	기소	불기소	기소율
국가보안법	730	537	193	73.6
근로기준법	640	411	229	64.2
집시법	72	29	42	40.3

연도	1973			
죄명	처리	기소	불기소	기소율
국가보안법	467	386	81	82.7
근로기준법	599	411	188	68.6
집시법	30	15	15	50.0

연도	1974			
죄명	처리	기소	불기소	기소율
국가보안법	283	257	24	90.8
근로기준법	359	199	160	55.4
집시법	19	12	7	63.2

연도	1975			
죄명	처리	기소	불기소	기소율
국가보안법	375	335	38	89.3
근로기준법	601	320	281	53.2
집시법	82	46	36	56.1

연도	1976			
죄명	처리	기소	불기소	기소율
국가보안법	359	302	57	84.1
근로기준법	1,030	509	521	49.4
집시법	7	-	7	-

연도	1977			
죄명	처리	기소	불기소	기소율
국가보안법	-	-	-	-
근로기준법	55,880	23,992	31,880	42.9
집시법	166	143	23	86.1

연도	1978			
죄명	처리	기소	불기소	기소율
국가보안법	-	-	-	-
근로기준법	42,573	20,627	21,945	48.5
집시법	21	18	3	85.7

연도	1979			
죄명	처리	기소	불기소	기소율
국가보안법	-	-	-	-
근로기준법	58,311	33,397	24,913	57.3
집시법	64	49	15	76.6

연도	1980			
죄명	처리	기소	불기소	기소율
국가보안법	-	-	-	-
근로기준법	3,110	1,746	1,364	56.1
집시법	23	11	12	47.8

연도	1981			
죄명	처리	기소	불기소	기소율
국가보안법	-	-	-	-
근로기준법	3,678	1,755	1,923	47.7
집시법	240	180	60	75.0

연도	1982			
죄명	처리	기소	불기소	기소율
국가보안법	-	-	-	-
근로기준법	5,207	2,571	2,635	49.4
집시법	193	144	49	74.6

연도	1983			
죄명	처리	기소	불기소	기소율
국가보안법	-	-	-	-
근로기준법	3,568	1,744	1,823	48.9
집시법	368	313	55	85.1

연도	1984			
죄명	처리	기소	불기소	기소율
국가보안법	60	36	24	60.0
근로기준법	5,842	2,936	2,901	50.3
집시법	310	135	175	43.5

연도	1985			
죄명	처리	기소	불기소	기소율
국가보안법	156	119	37	76.3
근로기준법	6,584	3,262	3,322	49.5
집시법	569	361	208	63.4

연도	1986			
죄명	처리	기소	불기소	기소율
국가보안법	420	339	81	80.7
근로기준법	6,905	3,305	3,596	47.9
집시법	2,480	1,241	1,239	50.0

연도	1987			
죄명	처리	기소	불기소	기소율
국가보안법	583	431	152	73.9
근로기준법	5,888	2,747	3,138	46.7
집시법	1,462	522	939	35.7

연도	1988			
죄명	처리	기소	불기소	기소율
국가보안법	209	111	98	53.1
근로기준법	5,790	2,733	3,057	47.2
집시법	789	346	435	43.9

연도	1989			
죄명	처리	기소	불기소	기소율
국가보안법	485	320	163	66.0
근로기준법	5,104	2,258	2,845	44.2
집시법	881	311	562	35.3

연도	1990			
죄명	처리	기소	불기소	기소율
국가보안법	638	426	211	66.8
근로기준법	5,237	2,300	2,935	43.9
집시법	1,851	691	1,142	37.3

연도	1991			
죄명	처리	기소	불기소	기소율
국가보안법	601	358	238	59.6
근로기준법	7,083	3,212	3,871	45.3
집시법	1,591	599	986	37.6

연도	1992			
죄명	처리	기소	불기소	기소율
국가보안법	414	304	104	73.4
근로기준법	9,667	4,456	5,208	46.1
집시법	608	158	449	26.0

연도	[1966-1992]			
죄명(총계)	처리	기소	불기소	기소율
국가보안법	8,172	6,105	2,013	74.7
근로기준법	234,993	115,588	119,371	49.2
집시법	13,039	5,764	7,214	44.2

〈1966-1992년간 국보법·근로기준법·집시법
위반사범의 기소율 변화와 편차 : 검찰통계〉

출처 : 대검찰청(편), 「검찰연감」(서울 : 대검찰청, 1986/1985.1.1-1985.12.31), pp. 312-327 ; (1998/1997.1.1-1997.12.31), pp. 312-327.

60년대의 민중폭력이 '전국화·청년화·학생화'하는 일련의 경향에 대해 일관된 '반공주의'로 응수하는 정치적 자세는 박정희 역시 이승만의 그것과 크게 다르지 않다. 국보법에 의한 사상통제와 정치억압을 병행하는 것이 효율적 방책임을 반복 학습하는 것도 마찬가지인데다 '박정희 → 전두환 → 노태우'로 이어지는 30여 년간 군부정권의 공안정국운용과 기소부피를 역추적하면 사법폭력의 적용은 노골화한다. 두드러진 특징은 1977–1983년간 이들 법규위반을 핑계 삼은 피의자 처리의 블랭크다.

이 같은 조짐은 1976년의 피의자 처리부터 두드러진다. 시위와 집단행동 확산에도 불구하고 1976년의 집시법 위반사범들의 처리건수 일곱 건을 모조리 불기소하는 데 이어 이후 7년간 검찰은 국보법 피의자들의 '처리'와 '기소/불기소' 건수는 물론 아예 통계기록 자체를 밝히지 않는다. 다른 기간은 밝히더라도 이 기간을 비워두는 검찰의 의도나 이후에도 줄곧 침묵하는 국가의 무책임은 극에 달한다. 알려서는 곤란한 수치상의 과잉 아니면 숨겨야 할 다른 까닭으로 넘쳐나는 정치적 곡절들이 켜로 쌓여있지 않는 한, 이 같은 공백은 좀체 쉬운 용서나 외면대상도 아니라는 데 문제의 심각성은 크다. 물론 이 기간의 정치적 특성상, 대통령의 '긴급조치' 발동과 그에 따른 포괄적 금압이란 예외적 사법처리를 감안해야 했지만 말이다.

뿐만 아니라 10·26 전후 분명해지는 통계공백과 산정의 의무이행조차 유기遺棄한 당국의 오류는 면책대상일 수 없다. 이 시기를 포함,

표에 드러난 당대 사법폭력의 적용과 변이과정을 한눈에 알아볼 수 있도록 체계화한 것이 다음 그래프다. 앞서 살폈듯, 이 역시 숫자만의 나열이 주는 건조함과 변별의 어려움을 줄인다는 점에서 경험적 동어반복을 적극 뛰어넘음을 일이다. 검찰집계가 가능한 1966년부터 1992년까지 군부정권 27년 동안의 사법폭력을 선별 정리한 위 표의 피의자 기소율 순위는 공교롭게도 국보법 위반사범이 74.7%, 근로기준법은 49.2%, 집시법은 44.2% 차례로 평균값을 드러낸다.

피의자 규모로 보면 비율의 변별력은 실제 큰 편차를 지닌다. 혐의 대상 자체가 네 자리에서 일곱 자리까지 극심한 차이가 있기 때문이다. 따라서 '비율'만 절대 값으로 삼아 서로를 견주거나 이에 따른 수치 차이를 단순 비교하는 건 문제다. 즉, 해당 피의자들의 고통과 불편함의 실질을 지나치게 등가적으로 이해·취급할 수 있다는 오류의 상당함을 전제하기 때문이다. 그럼에도 불구하고 이 같은 무리를 감행하려는 뜻은 군부정권의 한결같은 통치공학과 그처럼 손쉽게 기대려 한 사법장치가 얼마나 반인권적이고 비민주적이었는지 헤아리려는 까닭이다.

그런다고 지워질 과거가 아니며 곱씹는다고 사라진 기억들이 말소되는 것 역시 아님은 분명하다. 하지만, 사법폭력의 집행 역시 '죄형법정주의'에 근거한다는 저 알량함은 기억 속에서라도 소환해야 할 과거의 채무다. 법의 집행이 곧 정권의 정치적 의지에 자발적으로 기여할 기계적 순응이었다는 사실을 잊지 않기 위해서라도, 아울러 그 같은 기억들 주변에 스미는 모종의 정치적 허무를 다시 체득하기 위해서라도 있었던 일들의 재구再構와 궤적의 통계적 재건은 불가피하다.

어차피 피의자의 실체나 통계적 실질 혹은 경험적 추적 이전에 당대의 정치적 고통을 물리적 크기로 헤아리려는 '자각체험'은 실감나는 일일 수 없다. 고통은 결국 처절한 주관적 감지와 말초적 자각대상일 뿐, 입으로 전하거나 귀로 들어 인지할 가시적 지식 아니면 정보의 내역일 수 없다. 궁극에는 피부로 절감하고 마음으로 끌어당길 생각 속의 '되 뇌임' 아니면 한없이 밀쳐내야만 할 아픔의 오브제일 따름이다. 따라서 그 크기를 상대화하거나 구분해 낸다는 것 자체가 무리지만, 상대의 크기를 머릿수 그 자체로 헤아리기보다 '비율'과 '정도'로 이해하려는 자세는 차라리 인간적이지 않을까.

어차피 모두를 향해 한결같이 다가가기 힘들다면, 그들을 아우르는 기운의 총체와 고통의 규모를 추세와 흐름으로 받아들이는 건 또 어떨까. 다음 그림이 말하려는 비율 변이가 이를 감당할 경험적 토대인 점도 그 같은 측면에서 이해할 터다. 그래프는 군부정권 3대의 사법폭력적용에서 위의 세 법률이 얼마나 강한 정치적 도구성과 효율성을 지탱했는지 잘 말해준다. 취약한 정치적 정통성을 보완하기 위해서라도 공권력의 제도적 공포효과는 커질 필요가 있었고 행여 민중폭력의 성장이 다른 불만과 연결되지 않게 하려면 감옥과 경찰, 그리고 군대의 '삼자연합'도 불가피했다.

그래프에서 보듯, 국내에서 발생한 민중폭력의 단죄를 위해 선별 적용한 세 법률의 존재감은 피의자들의 사법처리를 위한 검찰의 실제 기소와 처리과정의 실질비율로 잘 드러난다. 여기서도 당국의 국보법 적용은 압도적이다. 아울러 '노동자·지식인·대학생·성직자' 등 실천하는 당대 전위세력의 나포拿捕와 민중부문으로부터의 격리를 위해 나머지 두 법률을 교차 적용하면서 국가는 민중억압과 이완의 강도를 조절한다. 76년부터 83년 사이의 극단적 국가폭력 사용기를 전후하여 이들 실정법은 상당기간 존재감을 드러내지 않지만, 군부정권 후반에 이르면 다시 사법폭력의 위용을 드러낸다. 국보법과 집시법 적용에 따른 파동국면은 극적으로 요동치는 데 반해, 근로기준법 위반사범들의 기소율이 상대적으로 안정성을 지탱하는 점은 역설적으로 돋보인다. 나서서 행동하면 '붙잡이는'데다 민중과의 어울림은 곧 사상적 물듦의 시작이란 편견은 한사코 '가두며' '떼어놓는' 단계별 공포의 확장과 통제의 극단적 예고로 이어진다.

제도폭력의 민중통제효과를 극대화시킨 계기는 결국 사법권의 정치적 응용에 따른 '공포 확산'이다. '적응하면 보상받고 일탈하면 제재 받는다'는 '강성强性정권' 특유의 사회통제는 민중의 정치적 배제라는 통치 프로그램과 잘 어울리는 '다스림'의 수단이다. 무엇보다 군부정권의 정치적 콤플렉스를 보강하고 새로운 복종자원을 추구하면서 권력의 구체적 형상마련에 갈증을 느끼는 시대에 '사법폭력'이란 곧 가장 만만하고 확실한 도구이기 때문이다. 늘 겁에 질려 있는

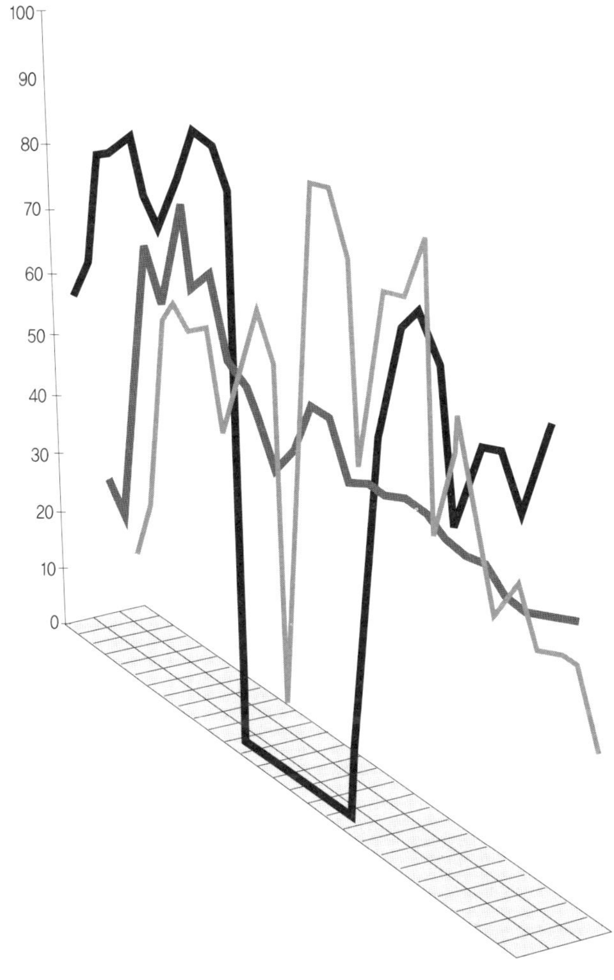

〈1966-1992년간 국보법·근로기준법·집시법 적용의 국가폭력 시퀀스〉

자들이 가장 잘하는 일은 누군가를 겁주고 길들이는 것이다.

5·16 이후 국내 정치폭력은 두 갈래로 분화한다. 민중부문의 철저한 배제와 억압을 의도한 공권력의 법제화와 그에 '반발·저항'하는 정치력의 점진적 성장이 그것이다. 민중부문의 정치화, 특히 폭력적 참여는 불확실하고 예측 불가능했다. 하지만 다수 민중의 폭력화 여부와 관계없이 제도폭력은 어렵잖게 노골화한다. 제도폭력의 항상적 위력과 달리 민중폭력은 권력교체기나 정권의 위기를 거치며 무르익는다. 사법폭력을 최대한 피하고 가능한 한 저항주체가 스스로 성장함으로써 개인에게 돌아올 법적, 정치적 책임을 최소화시키고자 애쓴 합리적 선택 결과다. 억압의 공포로부터 최대한 자유롭고 저항의 파괴력 또한 극대화될 수 있는 최대의 기회는 결국 자신의 예상 피해를 최소화할 수 있다고 판단하는 바로 그 시기와 기묘하게 일치하는 셈이다.

저항의 규제를 위한 최고의 방편은 구속이다. 혐의 부여에서 특이한 점은 실정법 적용이나 그 빈도보다 실제 기소인원과 처리건(인원) 수와의 편차다. 가장 많이 적용한 법은 근로기준법이다. 70년대 중·후반부터 고조되기 시작하여 87년 이후 지속적으로 '강화·지탱'한 노동운동의 투쟁적 정치화는 노동세력을 옥죄고 벌하려는 핑계였다. 지식인들과 학생들을 중심으로 한 주변 연대의 경우, 노동세력이 아니라는 이유로 집시법이나 국가보안법 등으로 분산 처리된다. 집시법의 경우, 처리규모나 건수통계에서 국가보안법이나 근로기준법 적용보다 상대적으로 낮은 기소율을 보이고 있어 용인容忍의 폭이 한층 넓다. 반면 국가보안법의 경우는 다르다. 처리건수와 별도로 가장 높은 기소율을 보여 전과처리의 가혹함이나 정치사회적 피해정도에서도 피의자 본인에게 압도적 충격을 안겨준다.[10]

세 법률에 의한 기소율 평균값은 56%다. 피의자 두 명 가운데 한 명은 기소된 셈이다. 이 수치는 제도폭력의 공포효과를 잘 반영한다. 인신구속과 사법적 격리범위가 피의자 전체 중 절반까지 확장할 수 있다는 폭력파장은 인권이나 기본권 개념과 거리가 멀다. 법적용의 엄격함과 재판과정의 독립성 표방이 사법부의 완전중립을 의미하는 것인지도 매우 애매하다. 오히려 변화하는 정치적 조건과 권력 환경에 사법부가 탄력적으로 조응한 것은 아닌지 의문의 파장 역시 뚜렷이 퍼진다. 그것은 정권변화에 따라 늘 쟁점으로 떠오르는 검찰의 정치적 예속문제나 사법권 독립을 둘러싼 정치학적 논의와 깊은 관련이 있기 때문이다.[11]

민중폭력이 동원하는 실질적 정치변화는 정치일정의 부분적 양보와 재고였을 뿐, 한 번이라도 계급구조와 권력구조의 동시변혁이 이루어지는 힘의 전면재편은 없었다. 50일 가까이 15명에 이르는 젊음이 분신 아니면 시위도중의 경찰폭력으로 목숨을 잃거나 하루 이틀 사이 수백의 인명이 유명을 달리하는 역사가 이어져도 그 같은 일은 일어나지 않는다. 실질폭력의 한계는 희생자의 무덤 뒤에 망각과 회한의 파편만 남길 뿐, 세상의 진짜 변화는 없었다.

무질서와 혼돈의 나날을 좌익의 준동 때문이라고 역이용하는 동안 죽음과 유혈의 극한폭력은 서슴없이 분노한 군중들마저 주저와 환멸의 늪으로 끌어들인다. 봉기주체가 다시 무섭도록 차가운 침묵과 냉소의 당사자가 되든지, 한때 징치대상으로 내몰린 제도폭력 집행자가 다시 제도권력의 외피 안으로 숨어드는 실망의 세월을 거듭하는 가운데 세기말의 봄은 깊어간다. 세상은 바뀔망정, 천문학적 전환을 넘어서는 사회혁명은 이 땅에서 일어나지 않는다. 아니 그 내연의 조짐마저 보이지 않는다.

폭력지수의 급격한 하강은 그렇다면 민주화의 조기 완성을 담보하는 신호일까? 그렇지 않다. 그것은 곧 목전의 적, 군부정권이 퇴진할 때 자동 처리할 순차적 과업의 하나로만 기대를 모았을 뿐, 실제 현실로 다가오진 않는다. 재문민화와 민주화는 무조건 동행하지 않는다. 그랬다면 6공 이후 한국정치폭력의 분화는 구조적으로 크게 달라졌을 것이다. 김영삼과 김대중의 집권이 박정희 이후 누증되어 온 정치억압의 탄력을 이완시키고 민주화 여정에 자동 접근하는 계기였을 것이란 기대는 그들 각자가 추동해 낸 실제적 억압수치와 전혀 별개다. 모든 권력은 자기 몸체의 생성과 지탱 그리고 확대재생산을 위한 폭력을 필요로 하며 그 현실적 당위 앞에 일체의 도전과 급격한 일탈을 인정하려 들지 않는다. 이러한 원론적 사안을 굳이 고려하지 않더라도 문민정권의 억압과 새로운 제도폭력의 등장을 미화하려 한 후발 통치프로그램은 늘 긴장과 수축의 메커니즘을 준비하게 마련이다.

그러나 제도폭력수위가 질서유지의 명분을 넘어 정권안보와 권력지탱이란 원초적 속내를 드러낼 때마다 민중폭력은 과격해지고 연대의 사슬 역시 강고해졌음을 역사는 기억한다. 문제는 문민정권 시기나 국민의 정부로 자처한 후발정권에서마저 이 같은 폭력의 역조逆調가 이어지고 그것이 국가전반의 정치경제적 개혁드라이브와 맞물리며 설득력 확보에 한계를 드러낸다는 점이다. 물론 가용폭력 총량에서 문민화 단계의 민중폭력은 군부정권기의 그것과 적잖은 편차를 보인다. 하지만 사법폭력에 기대어 민중폭력의 일방성장을 누르고 분화의 메커니즘을 정치적으로 통제하려 한 변동의 악순환은 세기의 전환기에 이르도록 사라지지 않는다.

한국 민중폭력의 분화지체와 민주화의 상호관계에 대한 가설수립은 쉽지 않다. 다만 여기서 확인할 수 있는 분명한 사실은 농민분해 이후의 사회적 공백이 계층분화로 보완되기 시작한다는 점이다. 민중폭력분화도 이 같은 현상에 빚지고 있음은 물론이다. 학생세력과 노동자, 지식인과 성직자들을 중심으로 한 비농민권 진출은 이 같은 변화를 반영한다. 민중의 지체된 정치화 역시 갑작스런 충격과 자각의 결과가 아니다. 그것은 다시 나타난 억압과 통제에 대한 정치적 반발이자 문화적 반응이다.

그러나 왜 이들만이 정치적 행동주체로 적극적인지는 지속적 천착대상으로 남는다. 무엇 때문에 이들만이 폭력적 참여의 전열에서 물러나지 않는지 말이다. 이들의 행동이 진정 민주의 대의와 명분 앞에 당당히 이타적이라면, 끝내 침묵과 관음주체로 남아 한사코 행동하지 않은 계층은 누구였을까? 중산층의 정치적 침묵이 곧 질서변혁에의 무임승차로 연결되는 것이라면, 혁명경로를 거치지 않은 민중전반의 비폭력적 행태와 행동하는 세력의 단절은 한국정치변동연구에서 무엇을 뜻할까? 이에 대한 답까지 여기서 기대하긴 어렵지만 이들 물음은 중요한 여운을 남긴다. 민중폭력투입의 마지막 거점이 반드시 성공적 시민혁명의 발화지점이어야 했는지를 둘러싼 논쟁의 촉발을 위해서라도 말이다.

군사폭력의 정치화와 장기적 제도화가 민중을 폭력화하고 이어 민주화의 장정을 본격 가동시킨다는 사실은 역설이다. 군부정권의 민중통제와 억압이 그에 상응하는 반발과 저항을 부르고 기왕의 학생운동과 노동운동을 연대시킨다는 '것'. 특히 군부의 연장과 정치적 기득권 계승은 한국 민주화운동의 폭력적 기형성을 한층 증폭시키고 민중연대의 정치력을 극단의 저항양식으로 견인함으로써 운동주체의 철저한 자기부정과 희생의 장을 연다는 '사실'. 자살과 분신, 투신과 실종, 정체 없는 죽음과 양심의 이름으로 펼쳐진 절대항변은 해방 후 민중폭력의 성장이 다다른 절정의 역사단계였다는 '점'.

그럼에도 불구하고 극단의 민중폭력이 곧 민주화 종반부의 정치적 숙성을 자동담보하진 않는다. 자기부정과 죽음의 행진은 이어 급격한 폭력소멸의 길로 접어들고 그 정치적 귀결은 농민정치력의 절연

截然한 위축 이상으로 충격적이다. 하지만 민중폭력의 급감이 그 저력의 소멸이나 저항 잠재력의 절대빈곤까지 의미하는 건 아니다. 폭력의 상대적 위축은 90년대 초 신군부 말기국면에 대한 민중의 염증과 선거에 의한 문민체제수립의 전환기 단면을 그대로 반증한다. 극단의 파괴와 침묵을 통해 또 다른 극단의 세계를 학습한 민중세력은 문민정권연장과 그에 따른 기대상승단계에서도 위축되지 않는다. 민중폭력의 정치화와 비판적 물리력 확산은 선택적 차원의 문제가 아니다. 오히려 국가 전체적으로 넘쳐나는 극히 익숙한 현상이었다는 데 제도권력의 정치적 고민은 커진다. 정치적 정통성의 기반이 취약하여 새로운 지지자원을 필요로 한 군부정권의 노력만큼 문민체제마저 자신의 지탱과 관리를 위해 폭력적 지배 장치를 예비해야 했다는 사실은 또 다른 역설 가운데 하나다.

논의의 갈무리를 위해 이제 해방 후 국보법 위반사범들의 기소순위를 살피자. 역대 정권별로, 즉 어느 지도자 집권기에 기소대상이 몰리고 덜했는지 비교함으로써 필자가 강조하려는 국보법 적용의 법정치적 친화력을 상대화하자. 앞서 밝혔듯, 현장검거로부터 재판부 판결에 이르는 전체절차에서 한 인간이 범법을 이유로 치러야만 하는 고통의 총량은 피의자마다 다를 수밖에 없다. 이 가운데 '기소'는 피의자의 범법사실을 공식화하고 사회질서의 재건과 복원을 위해 법원이 국가를 대신하여 죄의 무게를 재고 다시 법의 이름으로 벌하려는 사법적 강제행위다. 모든 절차를 섬세하고 치밀하게 다뤄야 함에도 불구하고 이 특정 단계에 눈길을 고정시키려는 까닭은 피의자의 인신이 국가에 의해 당분간 옭아매어질 수밖에 없는 절박한 시기로 의미를 더한다는 한 가지 이유 때문이다.

하여, 다른 어느 기간보다 더 강한 자기와의 싸움을 결행해야 하고 누구도 대신할 수 없는 좌절과 자기연민의 투쟁을 무릅써야만 한다는 절실함 역시 작지 않다는 '까닭'도 명기해야 한다. 이미 시대와의 쟁투를 마다치 않았던 자가 국가의 포위망을 바라보며 치러야 할 또 다른 싸움 앞에서 다시 지난한 투쟁의 길을 걸어야만 한다는 주문은 남달리 가혹하기 때문이다. 해방 후 국보법 위반사범들의 최다 기소부피를 기록하는 시기는 역시 박정희 집권기다. 5·16이후 10·26까지 18년간, 검찰기록이 명료한 1966–1972년간 2,381명, 1973–1979년 사이의 1,280명을 더한 수치는 3,661명으로 단연 수위를 달린다.

1993–1997년간 1,869명을 기소한 김영삼 집권기는 2위를 기록한다, 3위는 노태우 정부로 1988–1992년간 1,519명에 달한다. 4위는 김대중 집권기(1998–2002)로 1,127명, 5위는 전두환 체제(1980–1987)의 925명, 6위는 이명박(2008–2012) 정권의 384명, 7위는 박근혜 정부(2013–2015)의 355명, 가장 낮은 기소부피를 기록한 8위는 노무현 집권기(2003–2007)로 304명 순이다. 이들 순위와 통계는 역시 이승만과 장면 집권기의 기록을 배제한 결과다. 믿을만한 통계는 물론 집계 자체가 불가능한 시기는 생략할 수밖에 없기 때문이다.

정권의 치적과 지도자의 평가를 이것 하나로 좌우하는 건 과잉 단순화다. 하지만 집권기 동안 사법폭력의 과잉을 개선할 수 있었음에도 통치의 능률부터 우선 용인함으로써 '해야 할 일'을 방기한 과오는 역대 대통령 누구도 돌이킬 수 없다. 그들 모두 이 법의 처리 앞에서 자유롭지 못한 이유다. 행여 최고 권력의 사법개입이나 재판간섭을 거론하려 함이 아니라 법정치적 민주화의 사회적 토양을 마련하고 이를 구축할 정치 환경을 자발적으로 조성한다는 차원에서 좌고우면하지 말았어야 할 까닭이다.

박정희 정권과 노무현 정부의 극단적 대척점 사이로 펼쳐지는 각 시기별 수치 차이와 사법폭력의 높낮이는 진작 소멸시켰어야 할 필요악이자 불편한 자화상이다. 법 폐지를 향한 적극적 노력이나 이를 끌어낼 정치적 합의기반도 마련하지 않은 채, 소극적 변명과 이를 위한 통치행위의 교묘한 핑계만 양산한 결과다. 늘 그랬듯, 법은 권력의 의중을 미리 읽거나 함께 자리하며 발걸음 맞춰야 할 복무도구로 기껏 정치적인 존재이유만 인지·확인했을 따름이다.

주

1. 이에 대해서는 다음 연구 참고할 것. 손호철, 『신자유주의시대의 한국정치』(서울 : 푸른숲, 1999), pp. 175-185 ; "민주주의와 신자유주의 사이에서 한국 '자유주의정권' 10년의 정치," 민주화운동기념사업회(편), 「기억과 전망」 통권 22호(2010 여름호), pp. 6-37.
2. 손호철(2010), 윗글 pp. 21-23. 그의 주장에 계속 주목하자. "이 문제를 다른 각도에서 살펴보는 것도 문제를 이해하는 데 도움을 준다. 즉 위와 같이 김대중 정부 초기를 김영삼 정부 초기와 비교하는 대신 김대중-노무현 정부 10년 동안의 시기별 국가보안법 구속자 수의 변화추세를 살펴보는 것이다. …. 자유주의정권의 국가보안법 구속자수는 김대중 정부 초기이던 1998년과 1999년 피크를 이루었다가 2000년을 기점으로 급속하게 줄어들었다. 이는 신자유주의를 강력하게 추진했던 김대중 정부 초기 그 억압성이 최고조에 달했다가 신자유주의적 구조조정이 어느 정도 마무리되고, 2000년 6월 남북정상회담이 이루어져 남북한 간에 평화체제가 자리 잡으면서 그 억압성이 급속히 줄어들었다는 것을 보여주고 있다. …. 2000년 이후 국가보안법 구속자수가 급감한 것이 남북관계 개선에 의한 바도 적지 않지만 이에 못지않게 신자유주의적 구조조정이 어느 정도 마무리되어 국가보안법과 같은 극한적인 방법으로 노동운동을 통제할 필요성이 적어졌기 때문이라고 해석하는 것이 타당할 것이다." pp. 23-24.
3. 공소권을 검사가 독점 행사하는 '기소독점주의'는 각별한 의미를 지닌다. 국가폭력의 제도적 집행을 담보하는 중요한 절차이자 집권자의 통치공학을 자율적으로 해석·가동할 적합한 근거이기 때문이다. 새삼스럽지만 검사의 기소독점은 공소를 제기하고 수행할 권한을 검사만이 장악하는 것이다. 바꿔 말해 재판을 받게 할지 말지 결정할 권한은 오직 검사만 갖는다는 뜻

이다. 우리의 경우 '공소는 검사가 제기하여 수행한다(형사소송법 제246조)'고 규정, 기소독점주의와 기소편의주의를 채택한다. 기소독점주의는 공소제기公訴提起 권한을 검사에게만 부여하며, 기소편의주의는 형사소송법상 공소제기에 대해 검사의 재량을 허락하고 불기소(기소유예와 무혐의 처분)를 인정하는 제도다.

4. 1994년 이후 검찰청 접수건수 중에서 처리건수 확인여부를 문의한 결과 확인할 수 없다는 답변임. 다만 기소율에 대해 확정된 합의는 없고 처리기준 기소율과 접수기준 기소율을 각기 사용한다는 답변임. 따라서 1993년 이전 통계의 경우 '처리'로, 1994년 이후 통계의 경우 '접수'로 표기하는 것이 적확함.

5. 제도폭력의 무제한 사용이 때로 고문사拷問死나 의문사 혹은 조작사造作死등으로 분화·확장하며 현대사의 어두운 장을 마련한 건 역사의 상식이다. 하지만 법치주의를 명분으로 법을 앞세워 공공연히 폭력을 행사하는 국가와 재판부를 범법기구로 몰아갈 재간은 현저히 약하다. 역설적이게도 법 자체의 완전폐지를 전제하지 않는 한, 국가폭력의 집행을 저지할 하한下限이 법 '개정' 이외에 따로 없음은 불가피하다. 법 폐지요구에 앞서 기껏해야 개정정도로 응수하는 것이 이제까지 국가가 행한 정치적 행보의 최대값이라면, 국보법의 경우는 제도폭력의 얼굴이자 상징인 셈이다. 극단적으로 말해 이 법을 폐지하는 건 국가폭력집행의 보루를 폐기하는 것이며 민중폭력단죄의 마지막 도구를 잃는다는 게 이제까지 국가가 견지한 기본 인식이다. 법 개정 역시 여간해서는 고려하지 않는 국가인 데다 이념적으로 균열되어 있는 시민사회지만, 국보법 개폐를 둘러싼 민중부문의 지속적 압박은 입법부와 사법부의 현상유지욕구를 교란할 것이다. 존치의 이유와 정치적 지탱의 논리적 교묘함을 강조하는 보수진영은 물론 폐지의 당위를 역설하는 진보진영 사이의 직접 충돌은 없어도, 국보법 자체를 국가폭력 옹위의 적법한 요새要塞로 항구화하려는 선택이 이제 더 이상 합리적이지 않다

는 국가의 자각은 명료해지는 추세다.

6. 손호철은 두 가지 측면에서 원인을 찾는다. 김대중 정부의 진척이 신자유주의적 구조조정의 상대적 숙성과 남북정상회담에 따른 정치적 긴장완화 효과라는 현실변화에서 비롯된다는 해석이 그것이다. 하지만 이들 원인의 생화학적 비중이나 인과론 형성의 과학적 비중도 검색하기는 어렵다는 단서 역시 잊지 않는다. 연이어 그는 이렇게 말한다. "2000년 이후 국가보안법 구속자 수가 크게 줄어든 것이 얼마만큼이 남북정상회담과 남북관계의 개선에 의한 것이고, 얼마만큼이 신자유주의적 구조조정이 마무리된 것인지 판단하는 것은 불가능하다. 그러나 만일 구속자수가 급감한 것이 주로 전자, 즉 남북관계개선에 기인한 것이라면 김대중 정부 들어 임기 초기 국가보안법 구속자수가 급증한 것도 김대중 정부가 분단고착적이고 냉전적 노선을 택했기 때문이라는 주장에 이르게 되는 바, 이는 맞지 않는 주장이다. 따라서 2000년 이후 국가보안법 구속자수가 급감한 것이 남북관계개선에 의한 바도 적지 않지만 이에 못지않게 신자유주의적 구조조정이 어느 정도 마무리되어 국가보안법과 같은 극한적인 방법으로 노동운동을 통제할 필요성이 적어졌기 때문이라고 해석하는 것이 타당할 것이다." 손호철(2010), 앞글, p. 24.

7. 박원순(1997), 앞책, p. 15,

8. 윗책, p. 16.

9. 위와 같음. 이 정도 규모라면 사실상 조금이라도 의심스러우면 닥치는 대로 검거한 작위적·의도적 행위의 결과일 것이다. 설령 이들을 모조리 입건한다 해도 당국의 물리적 수용능력과 인권을 고려한 사법절차 이행이 가능했겠는지 역시 당연한 의문대상이다. 국보법 제정 당시와 개정 전후의 정치상황이 법적용과 어떤 상관성을 지니는지에 대해서는 다음 연구들 참조할 것. 정선미, "1949년–1950년 국가보안법 판례분석 : 부산지방법원의 판례를 중심으로," 부경역사연구소(편), 「지역과 역사」 제37호(2015), pp.

183－226 ; 서희경, "'한계상황의 정치'(politics of extremity)와 민주주의 : 1948년 한국의 여순사건과 국가보안법 관련 논의를 중심으로," 한국정치학회(편), 「한국정치학회보」 제38집 5호(2004), pp. 7－31.

10. 범법대상을 재판에 공식 회부하는 첫 처리절차가 '기소'인 점을 감안하면, 이것만으로 사법적 제도폭력의 크기를 재단할 수는 없다. 반면, 기소는 개별 인간의 자유와 사적 활동을 전면 통제하는 강압적이며 구속적인 조치로 제도폭력논의에서 결코 배제할 수 없다는 사실은 아무리 강조해도 지나치지 않다.

11. 이에 대한 연구로 다음 참조할 것. 이헌환, "정치과정에 있어서의 사법권에 관한 연구 : 한국헌정사를 중심으로," 서울대학교 대학원 법학박사학위논문(1996). 사법부 판결이 당대의 정치 환경과 어떤 상관성을 지니는지 명확히 측정할 과학적 방법은 없다. 판결의 추이와 경향이 이를 이해하는 적합한 준거가 된다는 데 주목할 따름이다. 재문민화 이후 구속자 변동을 살피면 이는 잘 드러난다. 다음 그래프는 해당 기간 내 분기별 구속자 변이를 체계적으로 압축한다. 이에 대한 경험적 근거로 다음 참조할 것. 박종성(2001), 앞책, p. 411, p. 414.

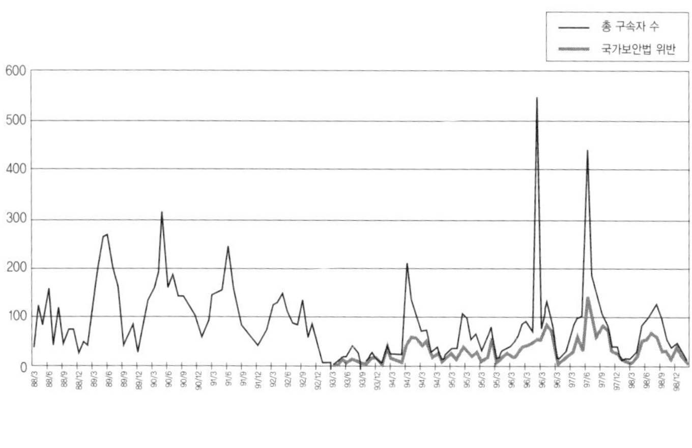

IV

국가보안법의 통치공학 : 박근혜의 역민주화와 정치지배연합

하나로 열을 재려 함은 '열' 그 자체에 대한 모독이다. 하지만 전체의 묘사를 핑계 삼아 '하나'의 치명적 장해를 알면서도 조율부터 염려하거나 뭉디뭉은 평균값 안에 어물쩍 이를 묻어두려 함은 문제다. 여기서 살피는 추세의 상승과 하강, 즉 경향의 꺾임과 변화도 현실 그 자체의 온전한 반영일 수 없다. 변곡점의 지탱과 기울기의 조합이 삶의 진짜 얼굴은 아니기 때문이다. 그래프가 국가는 아니며 통계가 역사 자체일 수도 없다.

그럼에도 불구하고 이를 마다치 않는 건 모두를 읽고 전부를 헤아리려는 욕망과 허기가 앞서는 까닭이다. 본디 시작과 끝도 없고 위와 아래도 없으며 먼저와 나중조차 분간 못할 정치권력이듯, 공화국의 출발과 정권의 종말도 제도화한 권력의 스케줄만으로 잴 일은 아니다. 정부와 정권의 성격을 따지는 일도 그렇고 지도자 한 사람의 됨됨이를 재려 함도 마찬가지다. 하지만 일정 시기의 국가기운과 권력의 이름으로 자행되는 '폭력집행'을 주목하려는 이유는 통치차원의 음울한 집착 아니면 자신들의 정치적 용모에 매달리는 집요한 욕구 때문이다. 한결같은 허울로 집권자 자신의 얼굴을 가리고 걸핏하면 민주와 정의를 찾아 적절히 포장하며 국가의 행복을 내세우는 정치란 그처럼 교활하였을 것이다.

김대중까지 이어진 국가폭력과 사법폭력의 친화affinity가 노무현 집권기 들어 급감하는 현상을 당장 고무적으로만 바라볼 수 없는 이유도 이처럼 통치권력의 자기중심성에서 찾을 것이다. 폭력이 정치적 치적 도구로 활용되는 역사는 그처럼 유감스럽게 지속한다.[1] 게다가 문제는 계속 쌓인다. 조짐의 '하강'이 곧 '소멸'은 아니며 현상의 '잦아듦'이 당장 미래의 행복과 번영을 '이끌' 단서는 아니기 때문이다. 새삼스럽지만 다시 살필 문제는 따라서 이것이다. 노무현 집권기의 변화는 근본적인 것일까. 사법폭력집행의 전반적 하락이 구조적이거나 전면적이라면 논의의 틀도 거기서부터 달라져야 하지 않을까.

그러나 집권자 개인의 정치적 단호함이나 통치스타일의 결연함에서 비롯된 잠정적 변혁기류 때문이라면 그건 어떻게 보아야 할까. 이는 단지 상황의 강제적 후퇴 아니면 폭력소강에 불과하지 않을까. 한국 검찰과 경찰의 상호존중은 물론 독립적 수사의지의 자제와 정치적 자율성마저 원활하다면 국가폭력의 현대사는 그림을 달리할 것이다. 검·경갈등과 두 기관의 상호견제가 대립과 배척으로 연결되는 미묘한 현실은 앞에서 지적한 바와 같다. 하지만 대통령의 존재감을 의식하는 두 거대기구의 과잉경쟁은 늘 충성의 현시와 자발적 복무의지의 적극표출로 이어진다는 점에서 국가의 폭력성은 사라지지 않는다.

지도자가 진보적이면 사법기구는 위축되고 그 반대의 경우 마찬가지다. 둘이 함께 확장·운신하는 동반행보는 해방 후 오늘까지 시나브로 이어진다. 비극적인 비례와 자발적 적응의 흐름은 공공연한 비밀이며 민중 보편에겐 체질화한 역사적 기억이다. 특히 21세기 초 한국정치사가 겪는 민주화의 숙성과 민중폭력의 제도화 과정에서 국보법을 비롯한 특정법률의 정치적 복무를 깨지 못한 통치권력의 한계는 다시 두드러진다. 그렇다면 노무현 시대의 법정치적 한계는 어떤 파장을 남길까.

노무현의 개혁적 발상과 진보적 통치스타일에도 불구하고 당대 사법폭력의 상대적 과잉은 의외다. 여기서 드러나는 문제의 근본은 크게 세 가지다. 무엇보다 노사분규의 급진적 부활에 따른 근로자 인신구속과 국보법 위반사범들의 기소건수증가다. 아울러 국보법 자체의 폐기를 주도적으로 추진, 실천할 수 있었음에도 불구하고 이를 방기, 지연시킨 한계다. 이들 문제는 늘 '노무현'이라는 예외적 인물을 향한 정치적 기대과잉과 사회적 기대상승결과로 인식하는 경우가 대부분이다. 능히 할 수 있는 일을 '하지 않았다'는 질책과 '해내지 못했다'는 무능이 겹쳐 기왕의 다른 실정들과 생화학적으로 결합·승수하는 문제의 중첩은 세기 초 한국정치가 헤쳐야 했던 다중의 과

제 가운데 하나다.

그러나 근본적이며 구조적인 한계는 따로 있다. '포스트 노무현'의 기반을 미리 닦지 못한 탓이다. 한때 보수우익의 여망을 한 몸에 받고 집권한 이명박과 박근혜에게 국가의 운영은 치명적 부담이 된다. 차별성도 변별력도 담보하지 못한 두 정권을 두고 오죽하면 언론은 '이명박근혜'란 조어마저 불사했겠는가마는, 둘은 다른 듯 같고 비슷한 듯 차별적인 정치질서구축에 열중한다. 정치적 보수주의를 기저基底에 두고 공안정국의 부활과 강성국가구축을 의식한 극우적 발상은 적어도 노무현이 의도한 미래는 아니었다. 개혁과 진보의 지탱은 커녕, 이 같은 세상을 구현할 사법적 안전장치를 방임·지체한 정치적 무책임에서도 노 정권의 문제적 근본을 짚을 수 있다.

집시법과 근로기준법의 법정치적 폭력성보다 국보법의 정치적·정권적 악용가능성은 이미 새삼스런 논쟁거리다. 앞의 두 법이 의존하는 정치적 격리와 통제 일변도의 폭력성 역시 사회질서의 재구와 지탱보다 도리어 다른 목적성에 치중한다. 정권안보와 정부의 치적홍보를 먼저 고려하는 합리적 도구성의 확장이 해당 법률 '개폐'에 앞선 까닭이다. 정권장악 이후 자신들의 권력을 지키려는 욕망과 지난날 권력을 획득하기 위해 애쓴 절차적 투쟁이나 득표과정은 이처럼 첨예하게 달랐다. 권력을 '구求함'과 '누림'의 편차는 어쩔 수 없이 머쓱한 속내를 이겨내야 하는 법이다.

노무현 집권기 이후의 민주화 과정도 높은 정치비용을 요구하긴 마찬가지다. 그것은 여전히 실망과 환멸의 수준을 호가呼價한다. '민주주의'란 이름의 저 오랜 정치사상을 이 땅에서 꽃피우려는 작업이 단지 역사의 이행과 세월의 흐름만으로 가능하리란 기대는 어림없다. 이 같은 믿음을 막연히 고수하는 일은 순진무구할 뿐 아니라 온전한 자기모멸과 허무한 기다림마저 감당해야 한다. 정치권력이야 늘 사법폭력의 집행에 직접 개입하지 않지만, 사법권력은 시대변화와 이를 담보·추동하는 정치지도자의 의지와 국가질서의 구조적 변동을 가늠하는 문화조건까지 외면할 수 없는 까닭이다.

사법부의 독립이란 궁극적으로 허구다. 그것은 인간이 조어한 여러 어휘가운데 '가치중립'의 모호함만큼이나 다의적이고 중층적 모순으로 결합한다. 그만큼 이 용어가 법정치적으로 '계획적'이며 '도구적' 통치 메커니즘과 깊이 연관되어 있음을 이해하는 데도 복잡한 전제는 필요없다. 그 용어는 민중부문의 동의를 구하려는 제도공학적 함정과 헌법적 핑계를 교묘히 분식扮飾하는 콘셉트다. 다음은 이를 방증하는 정치적 사례들로 포스트 김대중의 거시역사분석을 위한 몇 가지 전제다.

1. 지도자를 향한 정치적 기대와 당대의 사법현실은 늘 어긋난다. 전반적인 사회개혁과 명목만의 변화 역시 매 정권별 사법폭력의 투입총량과 그 추이를 의식할 때 이 같은 불일치는 명료해진다. 사법부는 엄연히 독립을 표방하지만, 법정치적 이중성과 탄력적

굴신성을 배제하지 않는다. 명분과 실리의 교차지점에서 숙고하고 자기중심적 행태의 합리성을 지속적으로 고수한다는 점에서 그들 보편의 중립성은 의심스럽다.

2. 시대정신의 이행과 정치질서의 구조적 변화를 의식하는 사법부의 거시행태는 현대사의 진행과 궤를 같이 한다. 하지만 검찰권력의 정치화와 사법폭력적용의 도구적 친화력을 주도한다는 점에서 사법폭력 전반의 독립성을 희석시키는 데 기여한다는 사실도 배제할 수 없다. '기소독점'과 '구속주도'의 정치적 이니셔티브를 장악하는 국가 유일의 제도폭력이자 이를 잃지 않으려 스스로를 방호하는 문화재생산 주체로 검찰의 자기폭력화가 지속되는 현상은 세기의 전환과 아무 관계가 없다.

3. 검찰의 정권별 굴신성 혹은 정치적 자기확장성의 지표는 객관적이거나 명시적이지 않다. 동일 법률의 시대별 적용과 그 경향 분석을 통한 객관적 이해가 이를 대신할 대표적 방법으로 존치될 따름이다. 사법부의 판결이 시대변화를 주도하거나 역사의 변동을 이끌 적극적 인자因子일 수 없는 까닭이나 검찰의 법정치적 탄력성과 정치권력을 향한 자발적 조응이 새로운 시대정신을 구축하지 못하는 이유는 서로를 거울처럼 비춘다. 둘은 제도폭력의 공포효과신장과 그에 따른 정치적 자기확장성 즉, 자발적 정치력에 줄곧

갇히거나 지속적으로 의식하지 않을 수 없게 된다.

4. 노무현이 '개혁적'이었을 것이라는 기대와 '민주적'이었으리란 해석은 일상의 판단에 근거한 이미지 혹은 정치적 스타일에 따른 자연적 편견의 결과다. 이명박과 박근혜가 표방하는 '민주'와 '반민주'의 이미지 역시 폭력투입과 극복 현장에서 실제 적용·사용한 물리적, 사법적 강제력의 실제와 편차를 보일 수밖에 없는 것도 당대의 정치현실이다.

현실을 분석하려면 현상 그 자체의 압축과 단순화는 불가피하다. 폭력의 탐색과정에서 설명의 연결고리가 필요하고 이를 통한 이론적 일반화가 경험적 반복성을 요구하는 것도 마찬가지 이치다. '폭력'은 '질량'과 '부피'만으로 측정할 수 없는 '고통'의 '원천'이지만, 분석과 탐구를 위한 객관화 과정에서 수치와 통계로 전환할 수밖에 없음을 감안해야 하는 것도 그 때문이다. 정치적 민주화가 항시 낮은 수준의 사법폭력이나 폭력적 공권력의 '유화宥和'로 담보되리란 기대도 결국은 편견이다. 허구적 가설이 아니라 사실로 확인 가능한 '현실'임은 여기서 작업한 결과이기도 했다. 정권이 요구하는 상시적 정치폭력도 그로써 확인가능하고 정권획득 이전의 지도부 도덕성과 모범적 정치행태도 집권 이후의 폭력 친화적 리더십과 차별적일 수밖에 없음은 역사로 확인한 바 있다.

노무현 집권기는 세기의 전환이후 등장한 세 정부의 교체기 가운데 가장 많은 국보법 위반사범들의 구속시기로 기록된다. 무엇보다 흥미로운 건 〔노무현-이명박-박근혜〕 집권기 전체를 통틀어 가장 높은 구속율과 가장 낮은 기소율을 자랑한다는 사실(158 : 304)이다. 그 구체적 원인을 분석하자면, 개개인의 행적과 규범적 일탈의 인과관계는 물론 이들 전체에 대한 법정치적 권력적용을 들여다보아야 함이 당연하다.

그러나 국보법 위반사범 전체에 대한 미시정치적 폭력적용의 역산이나 과학적 추적보다 중요한 건 이 같은 사법부 관행의 불일치와 '검찰-법원' 간 갈등에 있을 것이다. 법원은 저항하고 검찰은 긴장하는 두 기관의 정치적 길항이 노무현이라는 한 지도자의 정치적 변혁의지와 어떻게 조율될 수 있었을 것인지는 수치의 역조를 이해하는 과정에서 필수적이다. 그건 과연 우연이었을까. 법원은 보수적 법적용의 폭력성을 반복하고 검찰은 기소권 자제를 통한 자기검열과 긴장의 자세를 견지하는 정치성은 뭘 뜻할까.

이명박과 박근혜의 경우는 이와 대조적이다. 노무현 정부에서 읽을 수 있는 수치의 상반성이 다시 바뀌는 현상을 이변으로 이해할 필요가 없는 건 도리어 당연하지 않을까. 그것은 기실 놀랄만한 일도 아니며 예측 가능한 사단이란 점에서 다시 확인할만한 보수정권의 정치관행이다. 구속자수는 중간규모이되, 기소부피는 가장 많은 (114 : 384) 이명박 정권의 패러독스는 또 뭘까. 아울러 가장 낮은 규모의 구속자수와 중간규모의 기소부피(70 : 355)를 기록하는 박근혜 정권의 특징도 주목할 필요가 있다.

박근혜 정권의 사법폭력 총량을 다른 정권의 그것과 등가적으로 이해·산정하는 건 무리다. '2016-2017'의 탄핵정국과 결정적 실정에 따른 정권의 물리적 종말은 해당 정권의 사법폭력을 규명한다는 것 자체가 불완전할 수밖에 없음을 잘 말해준다. 그것은 비단 국보법 위반사범들에 대한 폭력적 대우만이 아니라 박 정권의 모든 정책집행과 정치일정의 강제적 종료를 감안하지 않을 수 없는 까닭이다. 그럼에도 불구하고 기소율과 구속율의 동반 감소추이에 해당정권이 기여함은 물론 비록 통치차원의 강력한 의지나 사법당국의 자발적 개혁결과는 아니지만, 구속인원을 두 자리로 낮추는 정권이란 점에 주목할 필요가 있다.

기소율의 재증가와 공권력 집행의 폭력성 강화로 인한 사회적 위축을 골자로 삼는 이명박 정부의 보수화 경향은 검찰권력을 다시 고무시키고 기왕의 정치적 권위주의문화에 안주하도록 자극한다. 가뜩이나 정권의 가시적 치적 쌓기에 우선의 목표를 둔 이명박 정권은 집권 초 미국산 소고기 수입과 광우병 파동으로 인한 민중폭력의 과잉학습과 권력수축에 따른 극단적 자기방호논리에 따라 사회질서의 비정상적 복원을 둘러싸고 크게 긴장한다. 국보법의 상대적 과잉적용이나 국정원의 국내정치동원 등도 이 같은 정치적 필요의 부수적 결과로 파악할 수 있을 것이다.

다음 그래프는 이들 세 정권의 국보법 적용과 배후의 사법권력이 보인 폭력화 추이를 과잉단순화한다. 기소율의 상승과 하강에 따른 검찰권력의 정치화는 감안해야 할 현실이다. 하지만 구속인구의 점진적 감소와 그 전체적 사회변화요구를 읽는 국가의 자기경계효과는 그림에서 찾게 되는 또 다른 주목의 단서다. 특히 구속자 감소추이는 단순히 경향과 흐름만이 아니라 소멸과 재생불능의 위축단계로 진입하는 상징성마저 보인다는 점에서 쉽게 지나칠 현상이 아니다.

그러나 여전히 치명적인 한계는 정권의 지속적 교체에도 불구하고 '구속 대對 기소'의 현저한 불균형이 깨지지 않는다는 사실이다. 구속자수보다 훨씬 많은 불구속 기소의 지탱은 역대 정권의 암묵적 공포와 민중통제의 상수로 작동한 셈이다. 이 같은 현상은 비단 이들 세 정권만의 문제가 아니다. 특정 시기를 제외하면, 국보법 적용을 통한 '기소과잉'은 역사적 공통점을 지니며 이 법이 얼마나 만만한 정치적 도구성을 지니는지 잘 알 수 있다. 구속자들의 전반적·실질적 감소에도 불구하고 기소자원(혹은 잠재인구)의 담보가 여유롭다는 사실은 공공의 질서유지와 국가안보의 책임을 내건 국가의 '허가받은' 폭력성에 기인한다.

국가폭력의 '극한'은 적확한 표현이 힘겹다. 언어의 사실寫實적 표현대상이 아니기 때문이다. 물리적 강제력의 감각적 자각은 철저히 개의의 '몫'이며 말과 글로 전달할 객관적 통증이나 내밀內密한 괴로움의 자원이 아닌 터다. 잘못했으면 죗값을 치러야 한다는 국가의 엄

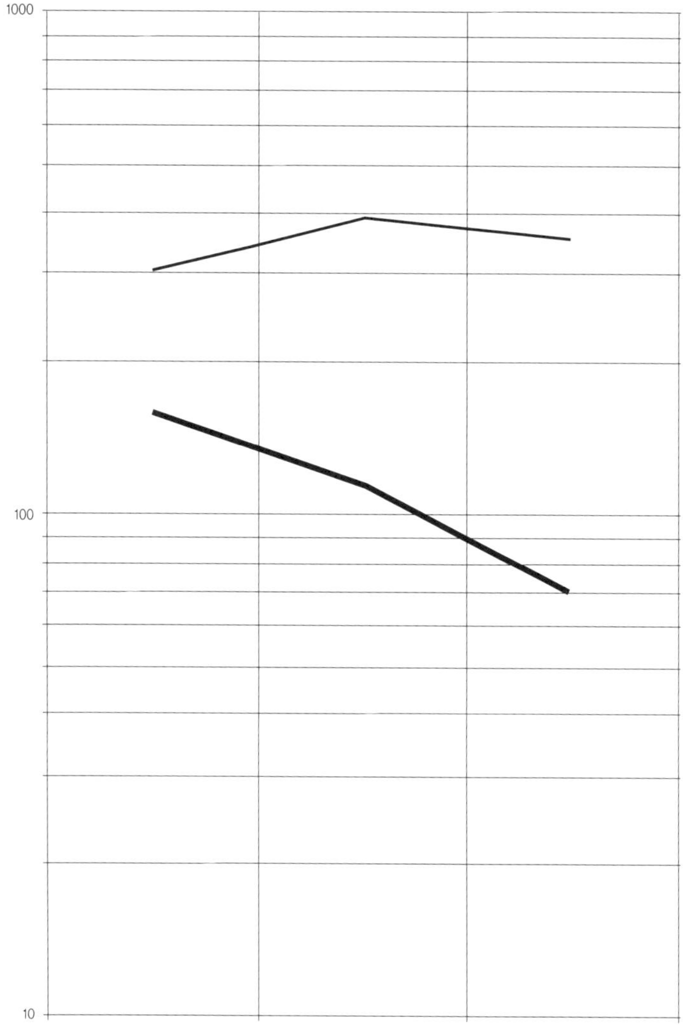

〈노무현·이명박·박근혜 정권의 국보법 적용과 사법폭력의 위축〉

포 앞에서 단지 떨고 있거나 겁먹은 주체로 살아가야 할 민중 개개인의 존재론적 위약危弱함을 더욱 초라하게 압박할 교만하며 고압적인 비상식의 원천일 뿐, 평소의 위선을 가릴 고상한 외피도 그럴듯한 명분도 아닌 까닭이다.

그렇다고 그것이 늘 감옥이나 고문현장에서만 가시화하거나 좀체 견디기 힘든 수치와 모멸의 계기로만 구체화하는 건 아니다. 폭력의 구현은 시도 때도 없이 철저한 일방성을 바탕으로 삼는 경우가 흔하다. '국가'를 '제도'의 결집체로 바라보며 그에 따른 불가피한 복종대상임을 전제하자면, 민중의 수용이 어디까지 자발적이며 그렇지 않은지 경계를 가르거나 눈으로 바라보며 알 정도의 '분획'을 구상한다는 것도 좀체 쉽지는 않다. 뿐만 아니라 민중이 복종하고 용인해야 할 대상이 정작 '지도자'로 위장한 권력자 개인인지, 아니면 그(녀)를 그처럼 행세하게 만드는 '제도적 권위'인지, 혹은 더 나아가 이들 모두를 배후에서 가려주고 암묵적으로 높여주는 이른바 '제도폭력'인지 조차 사실은 애매한 경우가 더 많다.

엄밀히 따지자면, 사람들이 뒤따르고 인정하며 스스로 체화해야 할 폭력대상은 '제도'인 경우가 더 흔하다고 보는 게 합리적일 것이다. 국가폭력의 극치가 이른바 '제도폭력'으로 현현顯現하는 경우는 전시폭력이나 그보다 더한 생화학적 가격加擊으로 불특정 다수를 배제하는 예외적 폭력성보다 더 암묵적인 공격과 절멸의 계기를 전제한다. 현대정치에서 제도는 행복과 정의 혹은 자유와 평등을 실현·

담보하는 민주적 도구이기도 하지만, 말살과 부정의 기습수단으로 암묵적 위용을 견지하는 경우가 훨씬 흔함을 인정하지 않을 수 없는 것도 그 때문이다.

제도폭력의 항구적 보장수단으로 '국가'의 폭력성이 고점高點을 치는 대표적인 경우가 박근혜 정권의 '통합진보당 해산'에 대한 '건件'이다. 국가가 발의·동의하고 국가가 해산·배제한 이 건은 좀체 예외적인 사례로 제도폭력의 일반적 관례에 특별한 의미를 더한다. 국가의 안위와 정치질서의 기본을 부정·교란할 위해의 원천이란 명분으로 배제와 말살근거를 마련한 '행정부'는 '의회'와 '헌법재판소'라는 '지배연합체'의 힘으로 결정적 위압의 근거를 마련한다. 그 사법적 폭력장치가 국보법이라는 난공불락의 규범적 도구로 공고화하는 현상도 의문의 여지는 없다.

박근혜 정권의 불완전한 종료는 해당 정부 자체의 성격과 정치적 분석을 모호하게 만든다. 탄핵에 의한 '강제종료'로 정권해체의 물리적 '계기'는 정부 자체의 성격분석과 또 다른 탐구대상으로 분리해야 할 문제다. 아울러 신중하게 추론할 주제도 따로 이어진다. 앞서 논의한 역대 정권별 국보법 위반사범들의 '구속 대 기소' 비율이 박 정권의 정상종료를 전제할 경우, 어떻게 달라질는지 지표변이의 정치를 다시 따져보는 일도 중요한 과제로 남기 때문이다. 역대 정권 가운데 국보법 위반사범들의 최소 구속인원을 자랑하는 박근혜 정권의 지표값 하락이 탄핵에 따른 대통령 직무정지의 직·간접 효과와 그 물리

적 파장에 따른 불가피한 결과라면, 수치의 불완전성에 대한 평가와 가치판단도 유동적일 수밖에 없다.[2]

이렇다할만한 실적조차 없는 상태에서 탄핵부담까지 안게 된 박 정권에게 '통진당 해산'은 역설의 치적이다. 동시에 철지난 공안통치 문화를 부활시키려는 정권의 극우적 발상과 내치의 한계를 극복하려는 통치공학적 무리수를 함께 드러낸다는 점에 주목할 필요가 있다. '정당해산'은 전혀 일상적이지 않은 극단의 위기적 예외상황이거나 이에 대한 국민적 합의를 전제할 경우, 소극적으로 가능한 폭력성을 전제한다. 헌법 역시 이를 명시함으로써 그 같은 행위가 관례적이거나 상식적 반복성을 지닐 수 없음을 확인한다.

박 정권의 통진당 '해산'은 국가권력의 주문과 지배연합체의 공조에 따른 제도폭력의 극치다. 기습적이고 조직적이며 제도적 절차성을 완비한다는 점에서 탈법성을 사전 배제하는 반면, 정치적 경쟁자원을 사전 축출하려는 고도의 정치성을 전제하면 이 사건은 1959년 이승만 정권의 진보당 해산과 비견比肩된다. 당시로서야 이승만 정권이 끝내 조봉암을 사형에 처하는 제도폭력과 사법폭력의 조율까지 기대할 수 있었지만, 끝내 정당해산과 의원제명으로 귀결되는 박근혜 정권의 국가폭력은 모처럼의 예외사례로 기록된다.

헌법재판소는 2014년 12월 18일, 이석기 의원 등 통합진보당을 장악한 '주도세력'이 진보적 민주주의라는 강령 아래 북한식 사회주의 실현을 은밀히 획책함으로써 대한민국의 자유민주적 기본질서에 대한 구체적 위험을 초래하고 있다는 이유로 당 전체에 대해 해산결정을 내린다. 헌재의 해산결정과 때를 같이 하여 일부 보수단체는 이석기 등 통진당 소속의원들을 국가보안법 제3조 1항의 반국가단체 구성혐의로 고발한다. 검·경 역시 이에 즉시 대처한다. 국가권력단위의 동시적 즉각 대응이 각별히 눈에 띄는 대목이다.

대한민국 헌법 제8조 3항과 4항은 정당 활동과 국가의 개입을 다음과 같이 제한 규정한다. 하지만 이 조항을 피하거나 외면할 정치적 근거로 정권이 의존하려는 규범은 역시 국보법이다. 그 가운데 사법폭력을 담보하는 준 항구적 강제수단으로 국보법의 위력이 빛을 발하는 대목은 늘 문제되는 3조와 7조다. 국보법은 '반국가단체' 구성과 이를 찬양·고무하려는 암묵적 민중 전체에게 다음과 같이 경고·강제한다.

① 정당의 설립은 자유이며, 복수정당제는 보장된다.
② 정당은 그 목적·조직과 활동이 민주적이어야 하며, 국민의 정치적 의사 형성에 참여하는 데 필요한 조직을 가져야 한다.
③ 정당은 법률이 정하는 바에 의하여 국가의 보호를 받으며, 국가는 법률이 정하는 바에 의하여 정당운영에 필요한 자금을 보조할 수 있다.
④ 정당의 목적이나 활동이 민주적 기본질서에 위배될 때에는 정부는 헌법재판소에 그 해산을 제소할 수 있고, 정당은 헌법재판소의 심판에 의하여 해산된다.

〈대한민국 헌법 제8조〉

여기서 '암묵적 민중the implicit people'은 보수권력이 인지·격리하려는 이른바 '위험한 군중the dangerous crowd'이자 정치적으로 늘 '거북한 시민the reluctant citizens' 혹은 그 잠재인구를 뜻한다. 사회과학이 '비시민non citizen'으로 통칭하려는 경우도 이와 마찬가지다. 거주하고 있는 국가의 시민권을 가지지 않은 사람들을 총칭하는 '비시민' 개념은 본디 행정적·실재적 소외대상이자 물리적 비자국민을 말한다.

이 같은 개념이 법정치적 해석의 지평을 넘나들며 의미의 윤곽을 넓혀나가는 과정은 흥미롭다. 이는 곧 비판받고 싶지 않은 모든 정치권력의 한계와 모순을 곧잘 반증한다. 아울러 법의 사적 소유를 지향하는 국가의 오만과 극한의 자기중심성을 바탕에 둔다. 그것은 국가를 상대로 한 잠재적 저항세력과 자신의 권리를 키우려는 시민 모두를 불온의 대상으로 배제·격리하려는 정치권력 본연의 본능적 방호의지를 잘 반영한다. 엄연한 시민이자 합법적 국민이되, 정치적 구성원으로 인정하고 싶지 않고 단지 '관리대상'으로만 재범주화하려는 권력의 배타적 사고는 이처럼 유순하지 않은 피치자들을 '비시민'으로 몰며 불충과 무례를 우려한다.

권력의 정치화는 '무오류'의 신화와 '무한확장'의 욕망을 은폐하며 자기뻐대를 키운다. 여기서 모종의 자기신비주의는 자라나며 전체주의적 통치전략도 몸집을 불린다. 나아가 이를 지향하는 충동적 정책결정을 강화하거나 문제적 민중배제의 집단적 사고도 자라난다. 억압과 통제의 관행은 궁극적으로 '있어도 없다'고 믿고 싶고 '보여도

국가보안법 제3조	국가보안법 제7조
제3조(반국가단체의 구성 등) ① 반국가단체를 구성하거나 이에 가입한 자는 다음의 구별에 따라 처벌한다. 1. 수괴의 임무에 종사한 자는 사형 또는 무기징역에 처한다. 2. 간부 기타 지도적 임무에 종사한 자는 사형·무기 또는 5년 이상의 징역에 처한다. 3. 그 이외의 자는 2년 이상의 유기징역에 처한다. ② 타인에게 반국가단체에 가입할 것을 권유한 자는 2년 이상의 유기징역에 처한다. ③ 제1항 및 제2항의 미수범은 처벌한다. ④ 제1항 제1호 및 제2호의 죄를 범할 목적으로 예비 또는 음모한 자는 2년 이상의 유기징역에 처한다. ⑤ 제1항 제3호의 죄를 범할 목적으로 예비 또는 음모한 자는 10년 이하의 징역에 처한다. 〈개정 1991·5·31〉	제7조(찬양·고무등) ① 국가의 존립·안전이나 자유민주적 기본질서를 위태롭게 한다는 정을 알면서 반국가단체나 그 구성원 또는 그 지령을 받은 자의 활동을 찬양·고무·선전 또는 이에 동조하거나 국가변란을 선전·선동한 자는 7년 이하의 징역에 처한다. 〈개정 1991·5·31〉 ② 삭제 〈1991·5·31〉 ③ 제1항의 행위를 목적으로 하는 단체를 구성하거나 이에 가입한 자는 1년 이상의 유기징역에 처한다. 〈개정 1991·5·31〉 ④ 제3항에 규정된 단체의 구성원으로서 사회질서의 혼란을 조성할 우려가 있는 사항에 관하여 허위사실을 날조하거나 유포한 자는 2년 이상의 유기징역에 처한다. 〈개정 1991·5·31〉 ⑤ 제1항·제3항 또는 제4항의 행위를 할 목적으로 문서·도화 기타의 표현물을 제작·수입·복사·소지·운반·반포·판매 또는 취득한 자는 그 각항에 정한 형에 처한다. 〈개정 1991·5 ·31〉 ⑥ 제1항 또는 제3항 내지 제5항의 미수범은 처벌한다. 〈개정 1991·5·31〉 ⑦ 제3항의 죄를 범할 목적으로 예비 또는 음모한 자는 5년 이하의 징역에 처한다. 〈개정 1991·5·31〉

〈국가보안법 제3조와 제7조〉

보이지 않는' 존재로 여기려는 권력의 임의적 사고와 정치적 자기경직성을 자양분으로 삼는다. 따라서 '비시민'의 의미는 국적 보유여부나 피부색 차이 혹은 과세대상으로서의 의무이행자격만으로 판가름할 수 없다.

국보법을 포함한 모든 법규범에 의한 '강제'는 정치적 '예외상태Political State of Exception'를 전제한다. 자유를 구속하는 일체의 신체적 제약이 생체억제의 예외적 조건뿐 아니라 그에 따른 온갖 정신적 고통 역시 수반함으로써 니체의 '허무'와 소렐의 '폭력'을 넘어 급기야 연약하기 이를 데 없는 개인의 국가 속 처지를 우울하게 넓힌 것도 종교나 신학이 기약한 미래의 행복과는 거리가 멀다. 일컬어 그 같은 조건을 포스트모던의 가치전도upside down로 이해하든, 인간성 상실의 잿빛국가나 희망 없는 회색사회를 지탱하는 절멸직전의 질식상태로 극단의 위기상태를 상례화하는 데 동의하든 말든, 예외상태의 '예외성the exceptionality'이 사회철학의 또 다른 탐구대상이 된 것도 이제는 상식이다.

'예외상태'의 철학적 논의[4]가 법정치적 예외상황의 이론적 근거로 채택되는 경우도 기이하지 않다. 누구도 예외 없이 국가의 법적 강제가 부여하는 불편함과 모욕감을 견디고 버텨야 함은 옷을 입고 살망정, 모두가 '벌거벗은 상태'로 살아야 하며 이 같은 조건을 온전히 유지·관리하기 위하여 어디선가 누군가는 늘 나를 보고 있다는 강박을 체계적으로 심고 넓힌다. 세상 곳곳의 감시체계는 처벌의 공학과 공포의 예비효과를 강화한 의도적 결과이며 그 미칠 듯한 조건에 저항하거나 이를 벗어날 때 기왕의 예보豫報적 '예외상태'가 수감과 격리의 물리적 예외상태로 전환하는 건 당연하다.

문제는 이 같은 예외상태의 지속과 확장이 '국가위기'로 포장된다는 사실이다. 겉으로는 민중을 겁박하지만, 기실 그 같은 공포의 주입과 불편함의 예고가 통치엘리트 주변의 안전과 지도자 한 사람만의 위로수단으로 전락하고 만다는 점도 빼놓을 수 없다. 전체주의적 둔갑논리가 여기서 성행하는 것도 물론이다. 아감벤과 푸코가 헤겔과 마르크스의 클래식을 부수고, CCTV와 야간망원경이 현미경과 캠코더를 비웃는 상례적 감시수단으로 메마른 명성을 유지하는 까닭도 이해 못할 리 없는 세상이 된 것이다. 이 땅의 국보법 역시 그 연장선상에 선다. 누구라도 단죄대상으로 예외가 없고 어디서든 증거채집과 보전이 가능한 정치적 통제도구로 이만한 방법이 없다는 점 역시 주목하자.

국가위기의 규모를 절박한 수준으로 높이고 이를 방어·견제하기 위한 효율적 도구로 국보법은 적용의 항상성을 강화한다. 민중통제논리를 계발·강화하려는 전체주의적 정책의지도 충동적으로 커지는 건 당연하다. 중요한 사실은 법적 강제의 예외상태, 즉 규범적 제재범주가 손쉽게 총체화·전국화한다는 점이다. 법적 강제를 최소화하고 징벌과 행형의 물리적 규모를 축소하려는 일상의 법정치적 명분은 여기서 철저히 그 허구성을 드러낸다. 예외상태의 예외성이 모두를 겨냥하고 언제든지 통제와 격리가 가능한 핑계가 분단과 전쟁위기 때문이란 논리는 닳을 대로 닳아 이제는 낡고 무딘 허울만 고수하지만 법 자체의 폐기가 담보되지 않는 한, 공포효과의 최소한은 늘 지탱하는 실정이다.

박정희의 긴급조치가 반복성행할 때 당대의 헌법적 조건을 백업한 이론적 틀은 뢰벤스타인이나 슈미트의 '것'들이었다. 특히 칼 슈미트의 '예외상태' 개념은 체제위기를 해결하기 위해 특단의 조치를 취하는 일시적 상황으로 인식한다.[5] 하지만 앞서 강조했듯, 아감벤은 현대정치에서 '예외상태'가 더 이상 일시적 현상이 아니며 근대 생체권력이 헐벗은 삶을 지배하게 만드는 배경이라고 이해한다. 법 효력의 중단은 크게 두 가지 계기에 기댄다. 하나가 독재이고 그 다음이 예외상태다. '독재'는 국가권력과 법집행의 강력함에 의존해 작동한다. 군부를 권력기반으로 삼지만 필요하면 강한 권한을 부여받은 별개의 권력기관이 법을 강력 집행하기도 한다.

예외상태는 법 자체의 마비로 구체화한다. 그것은 체제붕괴로 나타난 아노미나 그 변형 혹은 통치자의 억압권력 이상으로 아래로부터의 포퓰리즘적 충동을 수반하며 전개된다. 미움, 분노, 실망, 반항, 도발, 절멸, 소외, 허탈의 정치심리는 물론 이들 모두를 아우르는 집단적 복합심리가 출구를 찾아 헤맬 때 예외상태는 의외로 쉽게 조성될 수도 있는 '법의 중단'을 뜻한다. 법의 중단은 공적 영역의 마비를 뜻하고, 근대 민주주의를 지탱하는 공적 영역과 사적 영역의 구분을 해체한다.

요시유키는 이렇게 말한다.

> 예외상태의 규칙화란 바로 집행 권력이 기존의 법질서를 중지시키고, 정치체제에 통합시킬 수 없는 시민, 비시민을 '법의 힘'을 지닌 정부 명령에 의해 법질서 외부로 배제하는 통치형태인 것이다. 그런 예로 참조할 수 있는 것이 미국 부시 정권에서의 '대테러 전쟁'이다. 『예외상태』에서 아감벤은 이렇게 말한다. 미국의 애국자법은 "'미국의 국가적 안전'을 위기에 빠뜨리는 활동을 한다는 의심을 산 외국인alien의 '구류'를 허가한다. 따라서 구류된 외국인은 7일 내에 추방되거나 이민법 위반이나 그 밖의 범법 행위에 의해 기소되어야만 한다고 간주됐다." 그러나 2001년 11월 13일에 부시 대통령에 의해 공포된 군사 명령은 "테러 활동 의심을 받은 비-미국 국민의 무기한 구류와 군사위원회(이것을 전시법에 의해 규정된 군사재판소와 혼동해서는 안 된다)에 의한 재판을 허가한 것"이며, 이 군사 명령에 따라 구류된 자는 '전쟁 포로'가 아니라 단순히 '구류자'detainees일 뿐이다. 따라서 그들은 법률의 범위 바깥에 놓이며, 국내법에 의해서도 국제법에 의해서도 보호를 받을 권리를 갖지 않는다. 이리하여 이들은 재판을 받을 권리를 갖지 못할 뿐만 아니라 나아가 '무기한의 구류'의 대상이 될 수 있다(그것을 결정하는 것은 사법권력과도, 전시의 군사재판소와도 아무 관계가

없는 '군사위원회'다). 여기서 바로 기존의 법질서는 중지되며, 정치 체제에 통합시킬 수 없는 시민, 비시민의 물리적 제거가 '법의 힘'을 가진 정부 명령에 의해서 꾀해진다.[6]

박근혜 정부가 바라보는 통진당은 부시 행정부가 의심하는 외국인이거나 이라크 그 자체다. 오바마의 눈에 비친 아프가니스탄이며 히틀러가 미워하는 유태인으로 이해해도 크게 틀리지 않는다. 예외의 상례화와 지배권력의 정치적 편견이 뿌리깊이 친화하는 까닭이다. 하지만 민중의 보호와 행복을 핑계 삼는 이 같은 '예외의 상례화' 작업은 궁극적으로 권력의 자기방호와 집권안보체계의 공고화와 직결된다는 점에서 비민주적이며 반민중적이다. 때로 예외상태의 조성이 민중의 희망과 욕망이라는 포퓰리즘을 딛고 선다 하더라도 그것은 대부분 국가와 언론의 친화적 기획의 결과물이거나 잠정적 여론 왜곡인 경우가 흔하다.

통진당 해산[7]과 국회의원 제명[8]을 둘러싼 예외상태의 제도적 합법화는 결국 독립적 탐구대상으로 자리 잡는다. 비록 상례화conventionalization하진 않았다 해도 유난스런 예외성으로 도드라지는 '정당해산'과 한국의 예외적 사례에 선택적으로 집중한다. 해방공간의 진보당과 박근혜 정권의 통진당 사례를 견주는 최근의 사례들이 이에 해당하고 외국의 예와 우리의 그것이 반영하는 법정치적 교집합 역시 부수적 관심대상이다. 탐구의 형식도 다른 경우와 크게 다르지 않다. 문제 자체가 지니는 현재로서의 역사성은 연구의 질량에 제한을 둘 수밖에 없으며 축적자료의 상대성도 감안해야 할 사항이다.

연구의 유형은 단행본 형식과 학위논문, 학술논문 등으로 크게 나눌 수 있다. 단행본은 특히 제한적이지만 지속적으로 논의해야 할 쟁점의 부각에서 현저한 특징을 지니며 법정치적 맹점과 모순을 적시하는 경우들로 집약할 수 있다.[9] 학위논문 역시 정당해산제도라는 예외적 주제와 그 상례적 적용의 위험을 논의하는 결과물들로 모아진다.[10] 하지만 쟁점의 심화와 확장을 위해서는 사건의 기정화 이후 펼쳐진 온갖 논란들과 그 법학적, 법정치학적 논의를 배제할 수 없다. 보수 우익진영에게는 통쾌한 판결이지만, 그에 깃든 심대한 공법적 모순과 명징한 위헌성을 갈파하고 재론의 필요성과 앞으로의 반복가능성을 지적하는 학문적 논의결과들이 이에 해당한다.[11]

두드러진 현상은 법의 존재여부가 정치적 민주화 수준이나 권력의 정치윤리와 아무 관계가 없다는 사실을 손쉽게 확인할 수 있다는 점이다. 특히 법규범이 발휘하는 '최소한의 강제'가 '상례화된 예외'와 어떻게 연결·친화하는지는 국내 연구자들에게도 중요한 주제가 되고 있음을 잘 알 수 있다. 아울러 국보법이 민중통제를 위한 통치공학의 도구로 인용·채택되고 있다는 사실은 하필 '제7조'의 독소조항에서 더 강한 모순을 증폭시키고 있고 이를 방치·온존시킴은 법 적용이나 외면 그 자체보다 더 큰 모순임을 지적한다.

다음 인용문들은 기존 연구자들 가운데 이를 부각시키는 대표적인 경우다. 우선 한상희는 법 규범이 정치권력의 사유화 대상으로 전락할 때 위험하고 저급한 상황이 지속될 수 있음을 염려한다. 그것도 특정 법률이 정권의 사유물을 넘어 정치적 유증 아니면 암묵적 유산으로 지탱할 때 '지도자'는 사라지고 '통치전략'의 계산적 사고만 남는 것도 당연한 일이 된다. 정권의 안보만이 정치적 목표의 최고가치를 유지하고 국가의 평화가 한낱 통치의 영원한 명분으로 허구화할 때, 규범적 예외상태의 정치적 상례화는 천박과 세속의 항구화와 조금도 다르지 않음을 연구자들은 유념한다.

통진당 해산과 관련하여 한상희는 이렇게 말한다.

> 이런 사건들은 그 자체로 독립된 것은 결코 아니다. 그것은 지난 이명박 정부 이래 지속적으로 진행되었던 신자유주의적 통치술의 연장선상에서 이루어진다. 정부가 법권력을 장악하고 그 실체를 무력화시키는 한편, 법이 부여하는 형식적 정당성을 통하여 예외상태를 상례화하는 전략이 그것이다. 여기서는 권력을 장악한 정부가 기존의 법질서를 중지시키고, 정치체제에 통합될 수 없는 시민 즉 '비시민'을 규정하는 한편 이들을 '법의 힘'을 지닌 정부의 명령에 의해 법질서 외부로 배제하는 통치행태들이 자행된다. 그리고 이를 통하여 해방 이후의 집권세력들은 영구히 그 지배를 존속·강화하고, 서민의 삶을 희생시켜 자본의 무한욕망을 충족시키는 통치전략이 구현된다. 실제 해방 이후 일관되게 제기되었던 이

'비시민'의 개념은 우리 헌정사를 단적으로 규정해 왔다. 그것은 해방 이후의 국가형성과정에서는 냉전이데올로기의 선을 따라 국민과 비국민을 구획하고 국가의 경계를 설정하는 개념이었다가, 권위주의적 군사정부가 주도하였던 산업화의 과정에서는 정치적 소수정파와 함께 노동자들을 배척하고 배제하는 개념으로 이용되었다. 그리고 신자유주의 국면에서 이 개념은 지배연합세력이 자본의 축적을 도모하는 과정에서 시민사회를 탈정치화하고 시민들을 무한경쟁의 틀 속에 몰아넣는 수단으로 이용된다. 그래서 이러한 일련의 사건들은 현 체제의 성격을 그대로 드러낸다. 그것들은 87년 체제에서 그나마 본격화되고 있었던 절차적 민주주의와 법치주의로의 이행과정을, '반공국가'를 내세우며 시민사회를 국가권력의 하부에 철저히 종속시키던 48년 체제의 억압정치로 되돌리는 한편, 탈정치화를 통해 신자유주의가 자유롭게 활동할 수 있는 공간을 무한확장하려는 중대한 국면 전환 혹은 퇴행을 상징한다. 정권교체의 경험을 통한 소수정파의 도전이나 촛불시위·시민단체의 활동 등으로 활성화되어 온 시민사회의 정치화 국면을 다시금 (신)국가주의적 통제체제로 역류시키고자 하는 집권세력의 전 방위적 기도의 중심축을 이루고 있는 것이다. …· 통합진보당에 대한 위헌정당해산심판청구사건은 이런 흐름을 단적으로 드러낸다. 그것은 87년의 민주화 국면에도 불구하고 여전히 반공이라는 배제의 논리가 작동하고 있음을 보여주는 한편 '종북'으로 구성되는 일련의

통치술이 정치권력과 자본권력의 연합세력에 의해 상례화되는 예외상태의 또 다른 모습임을 보여준다.[12]

정치적 예외상태의 국가적 상례화를 견인·도모하는 핵심의 법적 근거는 국보법 제7조다. 특히 이적단체의 찬양과 고무를 일삼거나 이를 묵인·방조하는 행위로부터 단체의 가입·선전·선동 등에 이르는 등 혐의범주를 광역화하는 규범적 함정은 민중 전체를 겨냥한다. 국보법 제7조의 제한규정이 지시하는 예외상태의 한계는 '막연할' 정도로 넓고 '예외적으로' 깊다. 비유컨대, 최대한 넓고 깊게 드리운 어망漁網의 투척은 의도적 정치성은 물론 위험요소를 지닌 예외적 민중의 색출과 징치를 의식한 광범위한 '낚시'일 터다.

누구든 낚일 수 있고 어디서든 색출과 혐의의 부과가 가능하며 예외화의 단서와 상례화의 핑계가 가시적으로 도모될 수 있는 강제규범적 근거로 국보법의 포괄성은 제7조에서 고조된다. 따라서 해당 조항의 폐기는 물론, 법 자체의 존폐를 둘러싼 법학적 논의와 주변 학문들과의 학제 간 연구도 익숙한 대상임은 재론의 여지가 없다.[13] 문제는 정치지도자 자신의 사상적 자기경각과 정치적 계몽의 확신 혹은 민중부문의 정치심리적 균열과 대립을 조율할 리더십의 구비 여부로 모아진다.

이용선은 이렇게 말한다.

제7조를 해석, 적용할 때는 국가의 존립안전을 위태롭게 하거나 자유민주적 기본질서에 위해를 줄 명백한 위험이 있을 경우에만 축소 적용되는 것으로 해석하여야 하므로 이적단체에 속하지 아니한 개인의 단순한 의견제시나 사실 발표 등에 동법을 적용하는 일이 재발되어서는 안 될 것이다. 어디까지나 국가의 안전과 국민의 생존 및 자유를 확보한다는 국가보안법(제1조 제1항)의 목적에 충실한 해석 적용이 되어야 하는 것이다. 사실, 과거 실무에서 동법 동조를 개인의 단순한 행동에까지 적용하는 경우는 쉽게 국가보안 사범실적을 올리기 위해서이거나 시위사범 구속 등 다른 목적이 있어서 한 경우가 많은데 어느 경우든 국가의 존립·안전을 위태롭게 하거나 자유민주 기본질서에 위해를 줄 명백한 위험이 있을 경우 외에는 절대로 허용되어서는 안 될 것이다. …. 적화통일을 목적으로 북한과 연대하거나 대남혁명노선을 실현하기 위해 남한 종북세력과 연대하고 있다는 명백한 입증이 있는 경우와 맑스-레닌주의에 입각한 공산주의 혁명을 목적으로 구성된 단체임이 명백하다는 입증이 있는 경우에 한하여 엄정하게 국가보안법 제7조를 해석 적용하여 국가안보를 더욱 견고하게 하여야 한다. 그러면서 사회과학연구 등 학문하는 경우나 조직이 아닌 일반인에게 적용하는 경우에는 국가의 존립·안전과 자유민주적 기본질서에 대해 명백한 위험이 있을 경우에만 축소해석 적용하되 더 높은 수준의

엄격한 해석 적용을 하여 국민의 헌법상 보장된 기본권을 철저히 보호하여야 한다.[14]

국보법 제7조의 독소조항이 제3조의 그것과 연계될 뿐 아니라 궁극적으로 대한민국 헌법 제8조와 충돌하는 내재적 모순의 연결고리는 앞서 지적해 둔 바 있다. 헌법은 모든 국민의 정당활동과 정치적 표현 혹은 조직운영의 자유를 보장한다고 적시하지만 궁극적으로 민주적 기본질서를 위해할 경우, 제재와 강제 혹은 격리와 징벌을 예고하는 예외성의 암시를 명문화한다. 아울러 국가적 위해행위의 극한과 임계점을 명료화하지 않음으로써 당국의 폭력적 사고는 물론 의도적 징치의 한계를 스스로 허물어버리는 공법적 자가당착에 함몰된다.

정태호는 정당해산이 궁극적으로 헌법질서의 수호와 정당활동의 자유를 침해하는 위헌적 요소를 안을 뿐 아니라 위해정당 수괴의 처벌을 넘어 그에 미치지 않는 정당구성원과 정치 인프라 혹은 주변부까지 사법폭력의 부과대상으로 과잉 처벌할 수 있음에 유념한다. 이 대목에 각별한 관심을 기울이는 그는 이렇게 집약한다.

정당해산결정이 해당 정당의 창당을 비롯하여 일반적인 법에 비추어볼 때 허용되는 통상적 수단에 의거하여 해왔던 정당 활동을 이유로 반국가단체 구성·가입의 수괴 임무 종사, 간부 기타 지도적 임무의 종사, 단순구성·가입의 죄로 소급해서 처벌하는 것을 가능하게 하는지의 문제가 큰 법적 쟁점으로 제기되었다. 국가보안법 제3조는 반국가단체의 구성·가입죄의 처벌 내지 기소가능 시점에 대하여 아무런 제한을 두고 있지 않다. 그러므로 동 조항의 문구만을 보면 어떤 정당이 반국가단체에 해당하는 경우에는 그 창당과 가입을 비롯한 정당의 통상적인 활동을 한 자들을 헌법재판소의 해산결정과 무관하게 그리고 그 해산결정 전후를 불문하고 형사 처벌할 수 있게 되어 있다. 그런데 헌법은 정당은 오로지 헌법재판소의 결정으로 해산될 수 있음을 명시하고 있다(헌법 제8조 제4항). 특별형법인 국가보안법을 비롯한 형법이나 기타 현행 법률은 반국가단체 해산제도 내지 범죄단체 해산제도를 예정하지 않고, 전적으로 그러한 단체의 구성·가입 등의 '행위'만을 금지하고 그 행위주체인 자연인만을 처벌하고 있을 뿐이다. 이처럼 반국가단체와 관련한 일정 유형의 행위를 금지하고 그에 위반한 행위를 처벌하고 있는 현행 법률의 규율이 후에 헌법재판소에 의해 해산된 정당의 결성과 유지를 비롯한 정당의 목적을 달성하기 위한 통상적인 정당 활동까지도 미친다면 헌법 제8조 제4항과 충돌하는 것은 아닌지의 문제가 제기된다. 그렇게 되면 정당해산제도를 통해 부여된 정당의 해산상의 특권을 무의미하게 만드는 조치를 국가보안법상의 규율을 통해 취할 수 있기 때문이다.[15]

정당의 활동을 헌법이 보장한다고 밝혔음에도 '예외'의 조항이 존폐 자체까지 결정할 족쇄가 되는 자기모순은 하루 이틀 이어진 게 아니다. 뿐만 아니라 하나를 벌하며 징치의 대상이 동시적·즉각적으로 확장 적용되는 모순도 문제조항 내부에 스민 비민주적 독이다. 그 같은 사연 역시 이념의 대립을 선명한 자기방호논리로만 풀려는 극단의 배타주의가 빚은 당연한 결과다. 선명하지 않고는 살아남을 수 없는 공간이 분단체제의 특성인 까닭이다. 그 속에서 자기노선의 선택을 재확인하고 이를 견인·숙성하는 택일적 행태와 흑백논리에 익숙해지는 삶이 곧 분단국가의 생태인 터다.

'견딤'과 '버팀'은 분단체제의 삶의 방편으로 차라리 합리적인 대안이다. 행복과 희망을 약속하는 국가의 저 허튼 맹세를 '혹여' 실현 가능한 꿈일는지 모르리란 순간의 상상과 손쉽게 맞바꾸지 않고선 살 수 없는 나날들이었을 것이다. 이데올로기가 심고 퍼뜨린 대단한 허구의 대가를 곱씹어대며 말이다. 문제의 핵심은 정당해산이 의도치 않은 절멸과 배제의 정치를 기정화함으로써 기왕의 정당존속으로 인하여 향유할 불특정 다수의 정치적 자유와 그로인한 유·무형의 가치추구를 원천 '부정한다'는 사실에 있다. 바꿔 말해, 지속적으로 누려야 할 가치가 단절되고 벌 받을 필요 없는 사람마저 벌을 통해 '복속服屬the enforced obedience'과 치죄의 불편함을 경험하게 만드는 '고통의 제도화the institutionalization of pain'가 강제로 이어진다는 것이다.

법과 헌법이 충돌하고 국가와 민중의 갈등이 화석화하는 사법적 모순의 존치는 사실상 모든 법에 내재한 문제적 요소를 치열하게 되돌아보도록 이끈다. 국가가 법을 통해 실현하려는 행복과 희망이란 가치도 궁극적으로는 자신을 보호·강화하고 복종의 문화를 기정화하며 그로써 통치의 관행을 굳히려는 정치적 장치에 지나지 않았던 터다. 위민爲民이 권력 비축의 정치자원으로 더없이 항구적인 핑계로 작동할 수 있는 이유다.

법과 헌법이 부딪치고 사법적 명분과 삶의 실제가 균열의 틈바구니를 스스로 메우지 못하는 상황은 '정당해산'이라는 편치 않은 현상 앞에서 더욱 강한 모순을 드러낸다. 연구자들의 관심이 여기서 다시 결을 달리하는 것도 그 때문이다.

> 정당해산결정이 해산결정 이전부터 존재했던 정당의 반국가단체성의 확인을 내포하고 있다고 하더라도 그 확인의 효과는 과거로 소급하지 않고 미래를 향해서만 미친다고 보는 소급효부정설이 우리 헌법 제8조 제4항에 대한 올바른 해석론이라고 보아야 할 것이다. 또한 정당해산결정에 소급효가 없음에도 반국가단체 구성 등의 행위의 처벌범위에서 헌법재판소의 정당해산결정 전에 그 당의 창당을 비롯하여 그 당의 목적을 달성하기 위한 공식적인 통상적 정당 활동을 한 당료나 당원 등을 처벌할 수 있도록 규율하고 있는 국가보안법 제3조는 헌법 제8조 제4항을 침해하여 위헌이라

고 보아야 한다. …… 현행 국가보안법 제3조는 민주적 기본질서의 실현에 대하여 본질적 의미를 갖는 헌법 제8조 제1항의 정당의 설립·활동의 자유, 특히 야당의 활동의 자유를 현저히 위축시킬 뿐 아니라 헌법 제8조 제4항을 통해 정당에 부여된 해산상의 특권 내지 정당에게 부여된 헌법적 관용을 상당부분 공동화하는 위헌적 법률규정이다. 그 규정이 헌법재판소의 정당해산결정과 무관하게 정당 내지 그 활동을 규율대상으로 삼고 있지 아니한 일반법에 의하여 금지되지 아니한 통상적인 정당 활동을 수행한 당료나 당원 등을 반국가단체 구성 등의 죄로 처벌할 수 있도록 규율하고 있을 뿐만 아니라 헌법재판소의 해산결정 전에 이루어진 그와 같은 정당 활동을 헌법재판소의 해산결정이 내려진 뒤 소급해서 기소·처벌할 수 있도록 하고 있기 때문이다. 그렇다면 통합진보당 내의 주도세력을 헌법재판소의 해산결정 전에 이루어진 통합진보당의 창당 및 그 창당목적을 달성하기 위한 통상적인 정당 활동을 이유로 국가보안법 제3조의 반국가단체구성 등의 죄로 기소·처벌하는 것 역시 위헌이라고 볼 수밖에 없다. 한편, 국가보안법과 헌법 제8조 제4항 사이의 이와 같은 충돌은, 민주적 기본질서의 전부 또는 일부를 제거하려는 정당을 만들고 그 정당의 목적을 달성하기 위한 활동을 수행한 자의 기소시기를 헌법재판소의 정당해산결정 이후로 늦추는 것만으로는 모두 해소되지 않는다. 오히려 그 충돌은 헌법재판소의 해산결정이 내려졌음에도 그 정당을 유지하려 하거나 대체조직을 통해서 그 정당의 목적을 추구하려는 행위를 처벌하는 규율체계로 전환할 때 근본적으로 해소될 수 있다.[16]

박근혜 정권의 불완전 종식보다 더 치명적인 사실은 재임 중 저지른 최고권력의 정치적 과오와 이를 둘러싼 무감각의 역사적 반복이다. 18년 통치를 전혀 '독재'로 자각하지 않은 아버지의 과오 끝에 자식의 치명적 실정이 맞닿고 거울보다 명징한 정치적 죄과를 씻지 못할 업으로 되풀이하는 세월의 모순을 순순히 받아들일 재간은 어디에도 없다. 무엇보다 이념을 앞세워 국내정치의 낙후와 무능을 벌충하기 위한 극단의 무리수로 밀어붙인 국회와 헌법재판소, 검찰과 경찰 등 지배연합체의 정당해산합작은 헌법적 예외조치로 각인된다.

한사코 무언가를 남겨야 한다는 자기주문은 정치적 자기강박을 낳게 마련이고 어떻게든 일을 성사하려는 정치적 주도면밀함 역시 자극·숙성시키는 게 관례다. 일의 추진 역시 출발부터 정치성을 배제할 수 없고 보면, 권력의 자의성이나 기획력에 의존하기보다 여론의 절반으로 나머지 절반을 제압·통괄하려는 민중적 기반 역시 자원동원근거로 삼는 게 상례다. 뒤늦게라도 독재의 추억으로부터, 아니 그 기억에서 자유롭고자 애쓰는 건 모든 권력의 본능이자 행태의 기본이다.

그것이 이른바 '극우적 발상'의 정치적 공약수이며 업적지향적 관행의 자연스런 결과임도 부인할 수 없다. 국보법 제정 이후, 사법폭력의 최다적용으로 두드러진 박정희 정권과 '최소구속'이란 '예외성'을 반영하는 박근혜 정권의 대조적 성격은 문자 그대로 '예외적'이다. 하지만 '정당해산'이란 예외조치를 적극 추진한 후자의 정치적 의도는 이승만 정권 다음으로 새삼스런 초유성을 지닌다. 국가폭력과 사법폭력의 질량이 구속자 통계나 검찰송치건수 등 단순변수 몇 가지의 조합만으로 이뤄지지 않고 당 해산이란 단일조치만으로도 정치력 파괴력의 극한을 보여준 건 박근혜 정부의 또 다른 폭력성이다. 이름하여 '가족통치'의 극명한 한계와 내재적 모순을 읽을 또 하나의 단서가 여기서 흔쾌히 마련된다.

그러나 이미 절감하였듯, 국보법의 법정치적 적용에 깃든 치명적 모순은 박정희와 박근혜의 가족적 연대에서만 빛을 발하지 않는다. 되돌아보건대, 여기서 확인한 두드러진 교훈은 사법폭력의 정권별 순환과 점진적 심화논리가 어김없이, 그것도 극적으로 반복·강화한다는 사실이다. 그것을 고작 '슬프다'고만 인식하면 한낱 메마른 정치적 센티멘털리즘 밖에 아무 것도 아닌 정서로 전락하리라. 하지만 법 하나 온전히 폐기 못하는 정치권력이나 그 도모·견인조차 어림없는 의회권력하며 찬반으로 극명하게 갈라진 유권자의 여론 역시 절반으로 나머지 절반을 제압하지 못하는 내재적 무능은 이 땅의 대표적인 정치갈등단위로 엄존한다.

그러는 사이 누구도 전면에 나서 그 '법'의 폐기와 변동의 필요성조차 계몽하지 못한 지난 세월이다. 하필 박정희와 박근혜 사이에서

순환·교체하는 역대 정권의 모순은 국보법의 적절한 도구화와 정치적 재활용만 재촉한다. 이른바 자강과 복제의 정치를 반복 자극한 것이다. 권력이 보여준 사법폭력의 점진적 비축과 국가폭력투입(혹은 사용)의 비민주성이 시간의 흐름과 비례한 역사는 분명 역설이다. 비극은 피해자의 육신과 거기서 솟구치는 통증의 기억으로만 아로새겨지지 않는다. 때리고 괴롭히며 또다시 가격할 온전한 부위만 찾는 가해자의 처지에서 오롯이 자라난다. '예루살렘의 아이히만'이나 '남영동 대공분실의 이근안'에게나 '악의 평범성the Banality of Evil'은 거기서 거기다. 생각은커녕, 지시와 명령만 기다리는 '기술자들'의 손끝이 국보법의 존재 그 자체를 웃도는 국가폭력의 실체였음은 부인할 수 없는 역사다.

쿠데타의 기억은 사라지고 민주화 인사들의 한결같은 투쟁기록도 빛바랜 세월의 흔적이 국보법 존치의 정치문화적 자원일 것이라는 가설은 억측일 뿐이다. 차라리 쿠데타 이후 법의 극단적 적용과 강화의 나날들을 민주화 투쟁인사들의 집권 이후 진지한 정치적 성찰 대상으로 재론, 폐지와 변혁의 수순을 밟았더라면 '그' 역사는 상식의 궤軌를 벗어나지 않았을 것이다. 상식이 지식의 원천이며 그에 따른 예측이 어김없는 미래의 자원으로 되새겨질 수 있었다면 말이다. 하지만 그들마저 저 평범한 꿈을 저버릴 줄 누가 알았으랴.

국보법은 기억의 나락이나 추억의 소재로 남지 않는다. 현실로 지탱하고 불편함의 표상으로 존치되는 항상적 폭력이자 언제 어디서든 소환할 수 있는 통증의 원형으로 시퍼렇게 살아 규범화한다. 법이 기껏 물리적 고통이나 호출하는 세상을 일컬어 공정하거나 정의롭다 말할 수 없듯 허구한 날 폐기와 개정만 부르짖는 메마른 세월도 불행하긴 마찬가지다.

주

1. 사법폭력적용과 집행에 따른 궁극의 효험은 가용폭력대상에게 돌아가지 않는다. 대신 이를 통괄·제어하는 최고 권력의 집권기 치적으로 귀속된다. 이 같은 세월은 생각보다 길었다. 이는 곧 사법부 독립과 정치적 불간섭 명분이 결과적 허구임을 잘 말해준다. 사법부는 늘 고적孤寂한 국가기구이자 철저한 중립성을 본분으로 삼는데다 검찰과 경찰 역시 정치권력의 의중으로부터 '자유롭다'는 제도적 독자성을 표명한다. 하지만 세기의 전환기를 전후로 통치권자의 성향과 사법권력의 폭력적 조응이 정비례하는 현상은 과학적으로 적합한 설명 틀을 확보하지 못한 채 오늘에 이른다. 정치권력의 강성 여부와 '성향의 정치학the poltics of temper'은 왜 사법권력의 폭력성과 함께 하는 걸까. 물론 이들 사이의 과학적 연계를 객관적으로 반증할 연결고리는 논리적으로나 실증적으로 약하다. 모두가 각자의 공권력 집행에 따른 법적·제도적 근거를 딛고 서는 까닭이다. 흥미로운 것은 그럼에도 불구하고 집권기별 사법폭력의 사용누계와 공권력 집행의 단계별 부피는 통치권자가 표방하는 집권의 명분과 개인별 정치적 목표에 따라 한결같이 그리고 명확하게 달라진다는 점이다. 그것은 일상적인 검·경 갈등이나 재판과정에서의 법리적 공수攻守에 따른 긴장관계의 형성 혹은 지탱과 관계없이 이들 모두를 아우르는 정권별 법정치적 조율의 결과를 이른다. 시쳇말로 그 같은 조율절차가 정치권력을 향한 공권력의 눈치이든, 아니면 정치상황에 따른 추수이든 시기별 편차가 두드러지는 이유의 대부분은 집행당국의 자발적 복무의지를 배제하고선 이해의 연결고리를 찾을 수 없다는 사실로부터 새삼스러워진다.
2. 상상과 예단은 금물이지만, 과격한 수치증가와 파격적인 국가폭력행사는 없었을 것이라는 추론이 가능하다. 박근혜의 탄핵이 결정되는 2017년 3월

10일을 기준으로 잡아도 정권 잔여기간은 11개월로 해당 정권이 집행한 기왕의 사법폭력수치를 토대로 할 경우, 예외적 이변은 없었을 것이란 예측 때문이다. 그러나 이 같은 상상은 주관적이며 기대 자체가 무의미하다. 정권 초기만 하더라도 박 정권이 임기 내 특정정당을 해산한다든지, 이와 관련하여 국회에서 의원제명까지 기정화할 것이라고는 내다볼 수 없었던 까닭이다.

3. Alice Edwards and Carla Ferstman, "Humanising Non-Citizens : the Convergence of Human Rights and Human Security," Alice Edwards and Carla Ferstman, eds., *Human Security and Non-Citizens : Law, Policy and International Affairs* (Cambridge : Cambridge University Press, 2010), pp. 5-7.

4. 아감벤은 벤야민과 슈미트의 '예외상태' 개념에 담긴 무게를 선구적으로 견준다. 그의 문제제기가 도발적인 까닭은 '예외상태가 민주주의와 절대주의 사이의 확정불가능한 문턱'이며 예외상태는 오늘날 상례화되었다고 읽기 때문이다. 조르조 아감벤 지음 · 김항 옮김, 『예외상태』(서울 : 새물결, 2009), p. 16 ; 한상원, "예외상태의 정치적 존재론 : 슈미트와 벤야민의 예외상태론 논쟁 고찰," 한국철학사상연구회(편), 「시대와 철학」 제27집 4호 (2016), p. 116.

5. 이를 테면, 다음과 같은 조건을 이른다. "국가의 안전을 위협할 수 있는 무장봉기나 소요가 일어날 경우, 법률은 특정한 시간과 장소에 대해 헌법을 효력 정지시킬 수 있다"(프랑스혁명력曆 3년의 헌법 92조)

6. 사토 요시유키佐藤嘉幸 지음 · 김상운 옮김, 『신자유주의와 권력 : 자기-경영적 주체의 탄생과 소수자-되기〔新自由主義と權力 : フーコーから現在性の哲學へ〕』(서울 : 후마니타스, 2014), pp. 104-105.

7. 대한민국 헌법재판소가 결정한 '통합진보당 해산심판 사건'의 명칭은 '통합진보당 해산'으로 사건번호는 〔2013헌다1〕이다. 선고일자는 2014년 12월 19일이며 재판관 8명의 인용과 1명의 기각으로 해당정당의 해산을 결정한다.

기각 의견을 제시한 재판관은 김이수, 인용 의견은 박한철, 강일원, 김창종, 서기석, 안창호, 이정미, 이진성, 조용호 등이다(보충의견 안창호, 조용호). 2013년 11월 5일 대한민국 국무회의는, 법무부가 긴급 안건으로 상정한 '위헌정당 해산심판 청구의 건'을 심의·의결했다. 정부가 위헌정당 해산제도에 따라 정당에 대한 해산심판을 청구하는 것은 헌정 사상 처음이다. 박근혜 대통령은 유럽 출장 중 전자결재를 하였다. 통합진보당이 '위헌정당'으로 해산될 경우 소속 의원 전체의 자격상실 여부에 관해서는 어느 법률에도 명시적 규정이 없으므로 헌재의 결정이 앞으로의 기준이 될 것으로 보는 견해가 다수이다. 2014년 11월 25일 최종변론을 하였으며 같은 해 12월 19일 선고되었다. 이 결정에 있어, 헌법재판소는 소속 국회의원 5명의 의원직도 상실 선고하였다. 여기서의 쟁점은 내란음모혐의단체와의 동일성 여부다. 통합진보당의 경기도당원들로 구성되었다고 하는 단체가 내란음모혐의를 받고 있는 사건과 관련하여 이 단체를 통합진보당과 동일하게 볼 수 있는지가 통합진보당 활동이 위헌성을 띄는지에 대한 관건이다. 헌법재판소는 통합진보당 비례대표 부정경선 사건, 중앙위원회 폭력 사건, 국회의원 관악을 선거구 여론 조작 사건 등, 내란 및 강령 이외 피청구인의 기타 활동에 대해서도 판시한다. 헌법재판소는 해당 사건들이 내용적 측면에서 국가존립, 의회제도, 법치주의 및 선거제도 등을 부정하고, 수단이나 성격의 측면에서 자신의 의사를 관철하기 위해 폭력·위계 등을 적극적으로 사용하여 민주주의 이념에 반한다고 판시한다. https://ko.wikipedia.org/wiki/%ED%86%B5%ED%95%A9%EC%A7%84%EB%B3%B4%EB%8B%B9_%ED%95%B4%EC%82%B0%EC%8B%AC%ED%8C%90_%EC%82%AC%EA%B1%B4

8. *Ibid.* 이 사건으로 소속 국회의원 5명이 그 직을 상실한다. 직을 잃은 의원은 김미희(성남 중원), 오병윤(광주 서구을), 이상규(서울 관악을), 김재연(비례), 이석기(비례)이다. 중앙선거관리위원회는 이들 중 지역구 3석에 대

하여는 2015년 4월 29일에 보궐선거를 실시하고, 비례대표 2석에 대해서는 보충하지 않는다고 했기 때문에 19대 국회의 임기가 종료될 때까지 국회의 의석수는 2석이 줄어든 298석이 된다. 다만 선고 이후 별도 사건에서 유죄가 확정된 이석기를 제외한 4인의 경우 국회의원의 문제성 행동으로 인해 퇴출된 것은 아니기에 피선거권 제한은 없어서 2015년 4월 29일 보궐선거 출마는 가능하였으며 의원직을 상실한 지역구 의원 3명 중 김미희, 이상규가 재출마하였으나 당선되지는 못하였다. 2015년 11월 12일 서울행정법원 행정13부(반정우 부장판사)는 헌법재판소의 결정은 법원에서 심리할 수 없다며 소송을 각하했으나 전라북도의회 의원 지위확인소송에서 통합진보당 지방의원이 25일 승소한 다음날인 26일에 항소하였다. 한편 법원행정처 사법정책실은 공직선거법 제192조 4항에 대한 전주지방법원의 비례대표 지방의원직 판단에 대해서는 해석이 엇갈릴 수 있으나 정당 해산 결정에 따른 국회의원, 지방의원 직위 상실 여부에 관한 판단 권한은 법원에 있다는 판단은 옳으며, 헌재 결정에 따라 의원을 퇴직시킨 것은 헌재의 월권이라는 보고서를 작성했다. 2016년 4월 27일 서울고등법원은 당사자들이 국회의원직을 상실했는지 판단하는 권한은 법원에 있지만 퇴직은 정당하다며 이들의 항소를 기각했다. 아울러 선거관리위원회는 통합진보당의 비례대표 지방의원 6명(광주광역시의회 이미옥, 전라남도의회 오미화, 여수시의회 김재영, 순천시의회 김재임, 해남군의회 김미희, 전북도의회 이현숙)에 대해 당의 자진해산에 의하지 않고 당적을 이탈했다며 퇴직 결정을 내렸다. 2015년 1월 7일 이들은 법원에 퇴직처분취소와 지위확인소송을 냈다. 그러나 국회의원 선거에 참여하여 의석을 얻지 못하고 전체 유효 투표 총수의 2% 이상을 득표하지 못한 정당에 대해 그 등록을 취소하도록 한 규정이 존재할 당시 등록이 취소되어 비례대표 의원이 당적을 이탈한 경우 비례대표 의원들은 당적을 유지하여 논란이 되고 있다. 대한민국 제19대 국회의원 선거후 선거 당시 비례대표 국회의원의석을 보유하고 있던 창조한국당과 선거 당시 비례대표 지방의석을 보유하고 있던 친박연합의 등록이 취소되었는데 창조한국당의 비례대표 국회의원이었던 이용경-선경식 의원과 친박연합의 지방의원들은 의석을 유지하였다. 심지어 선경식 의원은 정당 등록 취소 이후 사망했는데 국회의원인 상태에서 사망한 것이 되어 국회장으로 장례가 치러졌다. 중앙선관위를 상대로 서울행정법원에 낸 처분 취소소송과 지방법원에 신청된 퇴직처분 효력정지 가처분에서는 '중앙선관위의 의결과 통보는 구체적인 사건에서 특정한 개별적인 법률 효과를 불러일으키는 행위가 아니다'라며 요청이 각하됐다. 선관위의 결정은 선관위의 법령해석을 의미할 뿐 그 결정에 의해 퇴직이 이뤄지는 것이 아니라는 취지의 판결이었다. 9월 10일에 서울행정법원 결정이 나온 이후 전라남도의회 오미화 의원은 퇴직처분에 의해 의원직이 상실되지 않은 것이 명백하다며 의원으로 인정해달라고 요구했다. 전라남도의회는 선관위의 복직통보가 나오면 등원을 허용한다는 입장을 밝혔다. 한편 순천시의회에서는 이 결정에 따라 퇴직처분의 효력이 없는 것으로 판단하고 김재임의원이 10월 30일에 등원하였으나 12월 5일에는 등원을 거부당했다. 결국 2015년 11월 25일 나온 지방의회 의원 지위 확인소송 1심 판결에서 통합진보당 소속 이현숙 도의원이 승소하였다. 전라북도의회는 이현숙 의원의 등원을 허용하였다. 광주전남지역 비례대표 지방의원 5명에 대한 지위확인소송 1심 판결은 2015년 12월 24일 나올 예정이었지만 연기가 되어 이현숙 도의원 항소심 선고 이후로 미뤄졌다. 2016년 4월 25일 광주고등법원 전주제1행정부는 이현숙 도의원이 의원직의 지위에 있다는 판결을 내렸다. 2016년 5월 19일 광주전남지역 지방의원도 광주지법 제1행정부의 판결에서 승소하였다. 통합진보당 측은 오류 등을 이유로 2015헌아20 재심신청을 냈지만 2016년 5월 26일 각하되었다. 통합진보당의 대체정당 창당여부 논란과 관련하여 민중연합당이 통합진보당의 대체정당이라는 의혹이 존재한다.

9. 다음 두 경우가 대표적이다. 김선수·한상희·정태호·이재화·신석진·백운

종 지음, 『통합진보당 해산 결정, 무엇이 문제인가?』〔대표집필 : 김선수 ; 좌담 : 한상희·정태호·이재화 ; 기획 진행 : 신석진 ; 사진 : 백운종〕(서울 : 말, 2015) ; 이재화, 『기획된 해산 의도된 오판 : 통합진보당 해산심판 변론기 – 해산결정은 민주주의에 대한 사망선고이다』(서울 : 글과생각, 2015).

10. 다음 참조할 것. 안효승, "우리나라의 위헌정당해산제도에 관한 연구," 부산대학교 대학원 법학과 석사학위논문(2016) ; 변무웅, "한국 헌법상의 정당해산제도에 관한 연구 : 그 법리와 요건을 중심으로," 한양대학교 대학원 법학과 석사학위논문(1985) ; 은희송, "통합진보당 해산에 관한 연구," 목포대학교 대학원 정치외교학과 정치학석사학위논문(2016) ; 김장민, "좌파정당과 노동조합의 관계에 관한 연구 : 민주노동당과 민주노총의 관계를 중심으로," 경상대학교 대학원 정치경제학과 정치학 박사학위논문(2017).

11. 다음 탐구들은 대표적 단면들로 이를 잘 대변한다. 정만희, "정당해산심판의 헌법적 쟁점 : 정당해산심판의 요건과 효과를 중심으로," 한국공법학회(편), 「공법연구」 제42집 3호(2014), pp. 105–140 ; 송기춘, "통합진보당 정당해산심판 사건에 대한 비판적 분석," 민주주의법학연구회(편), 「민주법학」 제56호(2014), pp. 97–135 ; 한상익·김진영, "통합진보당 해산에 대한 이론적 접근 : 전투적 민주주의론을 중심으로," 조선대학교 동북아문제연구소(편), 「동북아연구」 제30집 2호(2015), pp. 63–92 ; 장영수, "판례평석判例評釋 : 통합진보당 해산결정의 주요 쟁점 – 헌재 2014. 12. 19. 2013헌다1 결정에 대한 평석," 법조협회(편), 「법조法曹」 제64집 3호(2015), pp. 109–193 ; 김현철, "정당해산심판의 목적 및 해산사유," 한국헌법학회(편), 「헌법학연구」 제22집 2호(2016), pp. 361–403 ; 김종현, "통합진보당 해산결정의 몇 가지 쟁점에 대한 연구 : 결정서에 대한 비판적 독해를 중심으로," 한국헌법학회(편), 「헌법학연구」 제21집 3호(2015), pp. 363–405 ; 정태호, "정당해산제도와 국가보안법상의 반국가단체구성죄의 충돌," 전남대학교 법학연구소(편), 「법학논총」 제36집 2호(2016), pp. 7–40 ; 임지봉,

"헌법재판소의 통합진보당 해산결정에 대한 분석과 평가," 숭실대학교 법학연구소(편), 「법학논총」 제33호(2015), pp. 369-387 ; 김성욱, "통합진보당 해산심판 청구와 표현의 자유," 서울여자대학교 사회과학연구소(편), 「사회과학논총」 제21집(2014), pp. 305-316 ; 한상희, "통치술로서의 정치의 사법화 : 통합진보당사건과 관련하여," 민주주의법학연구회(편), 「민주법학」 제56호(2014), pp. 11-56 ; 조현연·김정훈, "진보정치의 위기와 진보의 재구성 : '2012년 통합진보당 사태'를 중심으로," 비판사회학회(구 한국산업사회학회)(편), 「경제와 사회」 제95호(2012), pp. 94-127.

12. 한상희, 윗글 pp. 13-14.

13. 이 부문에 대한 논의도 당연히 학위논문과 학술논문으로 나뉜다. 기왕의 논의의 추세에 대해서는 앞의 각주 11) 참조할 것. 기존 학위논문들 가운데 이에 대한 집중연구로는 이대영, 앞글 ; 이용선, 앞글 ; 채용선 앞글 주목할 것. 부가적으로 유념할 학문적 논의들로 다음 참고할 것. 허정선, "국가보안법 제7조의 통시적 고찰 : 미국연방 대법원 판례와의 비교를 중심으로," 이화여자대학교 정책과학대학원 언론홍보학과 석사학위논문(2000) ; 박미옥, "국가안전보장 개념의 기능적 변화에 관한 연구," 고려대학교 교육대학원 일반사회교육전공 법학전공 석사학위논문(2007) ; 박상식, "국가보안법 제7조의 남용사례와 위헌성에 관한 연구," 경상대학교 법학연구소(편), 「법학연구」 제21집 4호(2013), pp. 1-30 ; 여경수, "국가보안법상 이적표현물 소지죄에 대한 위헌성," 영남대학교 법학연구소(편), 「영남법학」 제40호(2015), pp. 213-230 ; 문채규, "「국가보안법 폐지 후 형법보완론」의 구체적 내용에 대한 형법 이론적 분석 : 열린우리당이 2004년 10월 20일 발의한 형법중 개정법률안을 중심으로," 부산대학교 법학연구소(편), 「법학연구」 제47집 2호(2007), pp. 251-273 ; 유진식, "국가권력과 인간의 내면세계," 전북대학교 동북아법연구소(편), 「동북아법연구」 제4집 2호(2010), pp. 187-221 ; 김도협, "국가보안법 제7조, 한정합헌결정에 대

한 평석," 단국대학교(편), 「법학논총」 제23집 1호(1997), pp. 147–166 ; 최관호, "이적동조죄의 불법성과 불복종," 민주주의법학연구회(편), 「민주법학」 제56호(2014), pp. 179–203.

14. 이용선, 윗글, pp. 125–126.

15. 정태호, 윗글, p. 8.

16. 윗글, pp. 33–34.

에필로그

세상이 저절로 훈훈해지거나 도덕과 기적으로 물들 수 있었다면 얘긴 크게 달랐을 터다. 그럴 수만 있었다면 이 땅도 어디 픽션의 가건물로만 꿈의 집을 그릴 척박한 대지였을까. 때가 되면 스스로 자취 감추는 드라이아이스처럼, 법규범이란 것이 오롯이 기화氣化해 버리는 만화 같은 상상도 어찌 허튼 짓이기만 할까.

우익진영은 말할 것도 없고 자신의 입지 곧추세우며 투쟁과 저항을 일삼던 진보진영도 득세와 집권이 보장되면 처신은 돌변하였다. 다른 건 몰라도 국보법 폐지에 둔감하거나 신중하려는 자세로 돌아서는 건 도무지 뭘 뜻할까. 싸움의 현장에서는 적이 뚜렷할망정, 자신이 고지에 올라 깃발을 꽂기만 하면 하나같이 문약하고 도도한 결기를 잃고 마는 세월의 방정식은 어쩌자고 한결같기만 했을까. 게다가 정말이지 국가의 안보는 '그 법' 때문에 강고히 유지되고 지금도 튼실한 제 모습 뽐낼 수 있는 것일까.

좌우의 대립이 세상을 어지럽힌다는 핑계로 법까지 만들어 민중을 다스리려 들 때부터 정치적 비애는 예견되고 있었다. 그것이 분단의 대가인 것이야 당연하지만, 식민의 세월이 심어놓은 미움과 분노의 나날이 출구를 찾지 못해 애면글면할 때 하필 가장 가까이 있는 서로가 서로 싸울 차비를 마쳐 가고 있음은 희한한 노릇이다. 동포가 동포의 심장을 겨누는 일부터 전혀 이상하지 않음은 비극치고 지극히 희극적인 터였다. 그리고 해방공간의 질곡이 금세 끝나기 힘겨운 운명처럼 여겨진 건, 천년만년 가리라 내다본 일제의 서슬과 그를 둘러싼 시퍼런 기억 때문이었을 것이다.

이제는 자유로워지리라 절로 감격스럽고 다시는 억눌릴 일 없으리라 홀로 겨웠지만, 난감한 처사로야 이만한 일도 더는 없었다. 한 번도 억지로 나뉜 적 없고 누구도 애써 오가지 못할 반도의 땅이 아니었음은 웅변으로 가르치고 논리로 학습시킬 사단이 아니었던 까닭이다. 분단의 벽을 현실로 받아들여야 할 기막힘은 당장 어쩌지 못할 철갑처럼 모두를 짓누르고 있었다. 손쉬운 시치미로 떼어버릴 주변의 잡사雜事일랑 더더욱 어림없었던 것이다. 그러다 저희끼리 다투고 식구끼리 싸우며 친구와 친척이 드잡이로 치받는 저 기막힘이 화석처럼 습관되어 나날이 굳고 갈라지는 틈새로 벌어질 줄이야 누구도 정확히 내다보지 못하였던 것이다.

적이 밖에 있지 않고 안에 있다는 믿음을 각인한 것도 분단조선의 작위적 연출결과다. 남과 북의 이질적 정권이 훈육·계도한 반도의 멍에는 '적과 동지'의 영원한 대립, 아니면 '미움'의 고착화로 구체화한다. 서로는 서로를 경계하고 제척除斥하며 누르고 압도해야 할 한낱 적일 뿐, '동포애'니 '인류애'니 하는 단어는 단순한 3음절 추상 명사에 지나지 않았다. 혹여 서로의 내부에 깃든 적의 기미라도 있을라치면 즉시 색출·격리하며 내재적 동질성과 결연한 통합의 정치력을 담보할 공포의 동원장치가 긴요하였던 것이다.

분단 상황은 남북한 공히 정치적 다원주의를 허용하지 않는다. 나아가 정치사상의 자유 역시 타율적으로 억압하는 금단의 공화국을 과잉 성장시킨다. 자기 영토 안에 타자의 사상이 깃들거나 그로써 다른 믿음과 행동의 공존이 가능하다는 생각을 애당초 용납하지 않는 숨막히는 세월로 접어든 것도 어제 오늘의 일이 아니다. 분단이 대결을 낳고 대결이 곧 대적의 강박과 전쟁의 부담을 잉태한 것도 회의와 실망의 상대로 방임해 버리고 말 성질의 주제는 아니었다.

싸우면 이겨야하고 승리는 곧 상대진영의 절멸과 완패로 연결되어야 한다는 사고는 군사주의적 호전성과 전체주의적 일사불란함을 낳는다. 다른 것을 포용하지 못하는 내재적 동질성의 요구와 결연한 정치적 다짐은 곧 적의 존재를 부정하고 늘 '저들'을 제압하지 않으면 안 된다는 '갈등의 제도화'를 전제한다. 한쪽의 승리가 다른 한쪽의 패배와 절망을 고스란히 담보하는 동족의 제로섬은 같이 있되, 같이 지낼 수 없고 물리적 존재를 인정하지만 서로 만날 수 없는 예외적 금압의 세월을 만든다.

그 결과 분단의 콤플렉스는 식민지체제로의 강제 편입을 감수해야만 했던 왕조해체의 콤플렉스나 강점기체제의 자발적 붕괴를 도모하지 못한 후발 콤플렉스와 함께 좀체 견디지 못할 복잡한 역사의식과 버팀의 관행을 체질화한다. 과거는 바꿀 수 없고 미래 역시 견뎌야 한다면, 화해와 협력이니 공존과 통일이니 하는 화려한 언사들도 기껏 외교적 수사로만 필요했을 따름이다. 그러려면 가진 자들이 크게 양보하거나 포기에 가까운 건설적 체념도 현실로 나타나야 했던 터다. 가진 것을 잃지 않기 위해서라도 강자는 언어의 그럴듯함을, 약자는 강자의 눈빛과 발길에 주목해야만 했던 것이다.

겉으로야 민족과 역사를 내걸며 내일이라도 만남과 대화의 물꼬를 틀듯, 모두를 들뜨게 하더라도 기실 각 진영이 바라고 그리는 그림은 상대진영의 완전한 패배다. 그로써 담보할 완전한 굴복이다. 행여 상대의 승리가 나의 패배로 이어지지 않게 하기 위해 당장 다스려야 할 것은 내부의 적이요, 그들과 만나고 가까워지려는 자들을 배반의 밀림에서 솎아내야만 하는 것이다. 나의 승리가 너의 패배를 낳고 나의 절멸이 너의 독점과 무한행복의 깃발을 펄럭이게 할 결정적 징표라면, 싸워 이길 그날까지 안에서 해야 할 일이란 저들과 내통할 내 안의 적들부터 쓰러트려야 하는 것이다.

그래서 '의심'은 권력의 힘이며, '견제'와 '통제'는 분단국가의 항구적 능력으로 강고해지고 있었던 터다. 느닷없는 내부의 단속과 적들을 향한 긴장의 눈초리가 동네와 시장을 거치고 찻집과 술집을 넘어 강의실과 교실을 넘나들다 온 누리 뒤덮는 나라의 과업으로 자리 잡을라치면, 이단의 존재란 공공의 적이요 국가의 적으로 변신하기 십상이었다. 전쟁을 치르고 나도 승패를 가르지 못한 양 진영의 경계선에는 녹슨 철조망과 구겨진 탄피들만 뒹굴고 있었다. 지금도 그 모습 달라지지 않고 있음은 대결이 통합보다 손쉽고 갈등의 해결이 존치보다 힘겹기만 한 이유다. 싸워 이기는 것만이 싸우지 않고 이기는 것보다 낫다고 여기는 불안의 대가는 그렇게 크고 깊은 인내를 요구한다.

상대의 절멸과 굴복을 통한 나의 승리는 의당宜當, 나의 강박과 이를 둘러싼 온갖 정치적 예민함을 잉태한다. 의심이 서로의 힘이었거나 행여 상대가 먼저 이길까 염려함도 강박과 과민을 재촉한 경계의식 때문이었다. 적은 밖에 있지만, 안을 먼저 들여다보며 가족을 경계하고 자기진영의 적부터 의식하는 강박도 지나친 정치적 승리의식이 낳은 역사의 사생아다. 국가의 안전을 핑계 삼아 법부터 만들고 그 힘으로 적들을 무릎 꿇게 만들겠다는 절박감은 혹여 패배할는지 모를 미래의 전쟁을 미리 걱정하는 권력 강박의 거울 조각이다.

내부를 먼저 단속하고 흩어지지 않게 하려는 권력의 계산은 권력 그 자체의 내면의 공포를 명징하게 반영한다. 그것이 깨어진 거울조각이든 아니면 속내를 고스란히 들여다볼 수 있는 빤한 유리파편이든, 권력의 속내를 들키지 않으려면 자신의 두려움을 온전히 민중의 '것'으로 되돌리려는 고도의 장치가 필요했던 터다. 공동체 구성원들을 두렵게 하는 것만이 타율적 통합의 지름길이며 정치적 복속과 예종隸從의 물꼬를 트는 방법이라고 절감했던 것이다.

적을 패배시키기 위하여 먼저 필요한 과업은 안의 적부터 골라 격리하고 무릎 꿇게 만드는 것이었다. 그래야만 권력의 초상은 보다 의연할 수 있고 용맹하다는 전설까지 구비할 수 있었던 것이다. 그 일이 강박의 결과임을 자각하지 못한 유일한 존재는 권력 그 자신일 뿐이었다. 두려움을 가리는 장막이 엄격함이고 제 얼굴의 흠결을 숨기는 최상의 방편이 화려한 가면인 것이야 경험으로 학습한 세월의 텍스트 아니었던가.

법의 힘으로 국가의 안전이 보장된 게 아니라 혹여 대들지 모를 내부의 적을 단속하기 위하여 민중통제의 방편이 먼저 필요했던 이유도 여기서 그 최소한의 설득의 틀을 갖춘다. 국가의 안보를 명분삼아 공포효과를 강화하려 하였음이나 기실 정권의 생명부터 염려한 치밀한 계산의 결과였음도 여기서 이해의 얼개를 꾸린다. 겁주고 무릎 꿇게 하려는 권력의 판단은 자기강박의 당연한 귀결이며 싸워 이기기 전, 자신의 힘을 먼저 재확인하려는 통치공학의 합리적 선택이었다.

국가안보를 내건 민중통제의 흉계를 직업정치인들의 '안보장사the Safety Bargaining'로 해석하거나 정권안보의 지름길로 이해하는 경우도 자꾸만 숨길 필요 없다. 벼랑 끝으로 밀어붙이려는 양 진영의 으름장도 사실은 싸움을 통한 승리보다 견결한 내부단속과 표를 통한 권세의 지탱 때문임도 힘주어 말할 대상이 아니니까. 상대가 '지금처럼' 있어 주는 게 없어지는 것보다 자기를 두드러지게 하는 법이니까. 그런 법조차 사라지지 않는 게 표의 확보와 민중적 안도의 수단으로 이바지한다는 계산마저 분명하다면 법의 조종弔鐘을 위하여 누가 먼저 나설 일이었을까.

겁먹을 민중이 상당 숫자 엄존하는 상황은 모두가 명민明敏하고 활발한 경우보다 당연히 다스리기 쉽다. 하지만 모두가 활달豁達하기 어렵다면, 권력에게 부담스런 상황이란 예외의 과격함이 부분적으로 돌출·상존하는 경우일 것이다. 다수의 동조와 순응에 힘입어 이를 민주적 지지기반으로 합리화하고 극히 일부를 격리·배제하려는 당국의 의지가 폭력이라기보다 심지어 환호와 박수의 계기를 이루는 것도 극우적 발상의 특징이다.

국보법이 국가의 안보보다 정권의 그것을 방호·옹위하는 절박한 정치수단으로 도구화하는 곡절도 이 같은 배경에서 살필 일이다. '국가는 폭력'이며 '가진 자들의 계급적 이익을 옹호하기 위한 폭력집단'이라는 믿음은 본디 레닌과 마르크스의 전유물이다. 하지만 어쩌랴. '정경유착' 까진 그만두더라도 그들의 말을 뒤집을 근거란 희박하다 못해 아예 영락없는 것을. 그토록 오래 국가가 주입한 안보의 허구성이란 권력의 자화상 아니고 또 무엇이었을까.

겁주고 가두며 때리고 어르면서 유순함을 학습시키려는 국가의 의도가 폭력이 아니라면, 무엇을 '폭력'이라 말할 수 있으랴. 군대와 경찰, 검찰과 법원, 감옥과 사법제도 스스로 강화하는 행정체제가 부르주아지와 동격의 '국가'라면, 그 같은 믿음이 고작 19세기 사회주의사상에서나 가능한 생각이라면 판에 박은 듯 되풀이하는 오늘의 '폭력'이란 무엇으로 어찌 이해할 수 있다는 말인가. 사람이 만들고 사람이 응용하며 사람이 갖다 붙이는 법의 허망함을 도무지 이해할 길 없다면, 규범의 세계란 오로지 '공포'의 조합으로만 구성되는 걸까, 아니면 추종의 의지를 동원하는 특별한 자발성으로 이뤄지는 걸까.

국보법의 미래는 가늠하기 힘겹다. '정치'와 '운동'을 온 몸으로 섞어 투쟁을 업처럼 삼았던 이들도 현실 정치권력만 장악하고 나면 유순하고 온화해지는 저 정치적 돌변은 이미 볼만큼 보지 않았는가. 야성 넘치는 운동주체로 군림할 때야 한결같이 국보법 폐기를 부르짖어도 권력 당사자가 되면 온순한 양처럼 변신하는 모습도 이제는 식상하다. 제도권에 편입하기만 하면 어쩔 수 없이 표를 의식하는 속내도 또 다른 환멸의 메뉴로 치부해야 한다면 우리는 언제까지 기다려야만 할까.

해방 후 역대 정권은 국보법을 활용하는 데 성공한다. 어느 정권도 이 대열에서 실패한 경우는 없다. 복합적 성격을 지닌 특별형법의 하나로 법의 효율성마저 감안하면, 역대정권의 정치적 활용가능성은 무궁무진했다. 한계까지 미리 고려할 문제도 아니었다는 점에서 국보법은 무풍지대를 누빈 공전空前의 수단이다. 비판받기 싫어하는 정치권력과 최고권력은 안정적 견제수단으로 단숨에 상대를 제압하는 결정적 함정을 선호한다. 권력의 위상을 확인하고 민중적 설득기반을 공고히 하는 최고·최선의 방편은 '좌익의 단죄'였고 '공격'과 '비판'의 구분 없이 문제의 상대를 용이하게 처리하는 지름길은 의심스런 이들을 한꺼번에, 그것도 '사회주의자'라는 혐의를 씌워버리는 것이었다.

역사는 민주주의와 나란히 가지 않는다. 악마는 '디테일'에 있다지만, 행복과 결코 비례하지 않는 역사의 순간들은 그나마 '민주화'라는 단어에서 풍기는 앞날의 모습을 핑계로 인내를 요구한다. 시간은 그만큼 솔직한 경험적 교사教師다. 하지만 권력의 방임이 민주주의의 배반마저 학습시키는 동안, 법의 폐기는 돌이키지 못할 정치적 화두로 숙성한다. 결국 폐기의 대안으로 7조의 명문규정과 그 모순을 제거하는 길이라도 찾으려는 게 오늘의 현실이다. 법을 만들고 갖다 붙일 궁리에만 능했지, 크게 고치거나 아예 없애 버리려는 호기浩氣는 누구도 부리려들지 않는 비겁의 세월만 보낸 게 그간의 사정이다.

국보법은 여전히 정치적 효용성과 정권의 실체적 이익을 도모하기 위한 도구적 기능성을 유지한다. 전면적으로 없애기보다 필요에 따라 적용하고 사법적 재단의 신축성을 궁리하는 게 권력으로선 훨씬 유리하다는 합리적 선택도 충분히 가능하다. 그렇다면 이제 남는 물음은 뭘까. 방임이 개입보다 탁월하고 관음과 사찰이 개정과 폐지를 넘어서는 정치적 지혜의 핵이다? 이적단체의 찬양과 고무 조항만 없애면 악법의 근본은 사라진다? 반국가단체의 구성과 활동을 이끈

자를 '수괴'라 칭하고 이를 단죄하기 위한 사법조치의 범주를 확장한들 위헌의 소지는 없다? 국가의 안전과 행복은 개인의 그것을 늘 웃돌며 어느 경우라도 이를 부정하거나 대체할 방법은 존재하지 않는다? 이를 위해 개인의 자유를 제한하고 물리적 불편과 예외의 상례화를 무릅써야 함은 국가의 운명이다?

안보의 망령은 생각보다 깊고 넓게 퍼져있다. '안전을 보장한다'는 언명에 깃든 안도감은 몸과 마음의 평화는 물론 방임과 방심의 자유까지 끌어안는다. 그로써 구성원들이 어느덧 방관자가 되고 민중 보편이 선호하는 자유의 극한이 방종과 혼돈의 궤도로 진입하길 애써 기다리는 악마의 표정도 국가는 숨기는 게 보통이다. 하물며 질서를 핑계 삼아 온순함은 물론 충성까지 바라는 욕심이 정권의 허울 안에 똬리를 틀 때, 권력은 시민의 보호와 행복까지 기약하려 든다. 국보법의 '보保' 자字가 이미 충분히 정치적이며 교묘한 분장과 수식의 역량까지 갖춘 까닭이다.

생각이 다른 사람을 끌어안지 못하는 권력은 늘 불안하다. 생각의 자유를 허용하면 자기가 밀릴 것이라고 염려하는 권력은 자신의 안전판으로 법을 들추며 뒤척인다. 하지만 버려야 할 법을 어쩌지 못하는 비겁은 족쇄로 남아 모두를 괴롭힌다. '누군가' 없애주길 바라는 동안, '누군가'는 또 기어이 다칠 것이다. 고쳐 쓰는 것보다 없애버리는 게 나은 이유다.

참고문헌

단행본

공진성.『폭력』(서울 : 책세상, 2009).

김동춘.『전쟁정치: 한국정치의 메커니즘과 국가폭력』(서울 : 길, 2013).

김선수·한상희·정태호·이재화·신석진·백운종 지음.『통합진보당 해산 결정, 무엇이 문제인가?』〔대표집필: 김선수 ; 좌담 : 한상희·정태호·이재화 ; 기획 진행 : 신석진 ; 사진 : 백운종〕(서울 : 말, 2015).

김정한.『1980 대중 봉기의 민주주의』(서울 : 소명출판, 2013).

김정한.『대중과 폭력 : 1991년 5월의 기억』(서울 : 이후, 1998).

민주화운동기념사업회 한국민주주의연구소(엮음)·서중석 외(지음).『6월 민주항쟁 : 전개와 의의』〔6월 민주항쟁 30주년 기념 연구서〕(파주 : 한울아카데미, 2017).

박원순.『국가보안법연구 1 : 국가보안법변천사』(서울 : 역사비평사, 1995).

박원순.『국가보안법연구 2 : 국가보안법적용사』(서울 : 역사비평사, 1997).

박원순.『국가보안법연구 3 : 국가보안법폐지론』(서울 : 역사비평사, 1994).

박종성.『한국정치와 정치폭력 : 해방 후 권력과 민중의 충돌』(서울 : 서울대학교출판부, 2001).

박종성.『혁명의 이론사 : 그 연구는 아직 끝나지 않았다』(서울 : 인간사랑, 1991).

손호철. 『신자유주의시대의 한국정치』(서울 : 푸른숲, 1999).
손호철. 『한국정치학의 새 구상』(서울 : 풀빛, 1991).
아감벤, 조르조Giorgio Agamben 지음·김항 옮김. 『예외상태』(서울 : 새물결, 2009).
요시유키, 사토佐藤嘉幸 지음·김상운 옮김. 『신자유주의와 권력 : 자기-경영적 주체의 탄생과 소수자-되기〔新自由主義と權力 : フーコーから現在性の哲學へ〕』(서울 : 후마니타스, 2014).
욘손, 스테판Stefan Jonsson 지음·양진비 옮김. 『대중의 역사 : 세 번의 혁명 1789, 1889, 1989』(서울 : 그린비, 2013).
이재승. 『국가범죄 : 한국 현대사를 관통하는 국가범죄와 그 법적 청산의 기록』(서울 : 앨피, 2010).
이재화. 『기획된 해산 의도된 오판 : 통합진보당 해산심판 변론기 – 해산결정은 민주주의에 대한 사망선고이다』(서울 : 글과생각, 2015).
정근식·이병천(엮음)/민주화운동기념사업회(기획). 『식민지 유산, 국가 형성, 한국 민주주의』(서울 : 책세상, 2012). 〔저자 : 정근식, 이병천, 강성현, 고원, 김근배, 김득중, 김민철, 김백영, 김영미, 문준영, 박정미, 박태균, 안종묵, 양현아, 윤충로, 이나미, 이병천, 이상철, 이승일, 이혜령, 전재호, 정준영, 조석곤, 허수열〕
정해구. 『10월인민항쟁 연구』(서울 : 열음사, 1988).
조희연(편). 『국가폭력, 민주주의 투쟁, 그리고 희생 : 한국 민주주의와 사회운동의 동학(2)』(서울 : 함께읽는책, 2002). 〔저자 : 조희연·조현연·전재호·허상수·이광일·김용복·정해구·김동춘·조희연·김유진〕
조현연. 『한국 현대정치의 악몽 : 국가폭력』(서울 : 책세상, 2007).

하먼, 크리스Chris Harman지음·한성근 옮김. 『21세기의 혁명』(서울 : 책갈피, 2011).

Andriole, Stephen J., and Gerald W. Hopple. *Revolution and Political Instability : Applied Research Methods* (New York : St. Martin's Press, 1984).

Rule, James B. *Theories of Civil Violence* (Berkeley, CA.: University of California Press, 1988).

논문

강민. "한국의 국가역할과 국가기구 : 국가구조의 재생산과정을 중심으로," 한국정치학회(편), 「한국정치학회보」 제22집 2호(1988. 12), pp. 7-31.

강성현. "한국의 국가 형성기 '예외상태 상례'의 법적 구조 : 국가보안법(1948·1949·1950)과 계엄법(1949)을 중심으로," 한국사회사학회(편), 「사회와 역사」 제94호(2012), pp. 87-128.

김광운. "1970년대 대중운동의 성장과 자주적 대중조직의 대두," 한국역사연구회 현대사연구반(편), 『한국현대사 3 : 1960·70년대 한국사회와 변혁운동』(서울 : 풀빛, 1993), pp. 207-242.

김도협. "국가보안법 제7조, 한정합헌결정에 대한 평석," 단국대학교(편), 「법학논총」 제23집 1호(1997), pp. 147-166.

김동춘. "냉전, 반공주의 질서와 한국의 전쟁정치 : 국가폭력의 행사와 법치의 한계," 비판사회학회(구 한국산업사회학회)(편), 「경제와 사회」 제89호(2011), pp. 333-366.

김동춘. "분단이 낳은 한국의 국가폭력 : 일상화된 내전 상태에서의 '타자'에 대한 폭력행사," 민주사회정책연구원(편), 「민주사회와 정책연구」 제23집(2013), pp. 110-141.

김득중. "부역자 처벌의 논리와 법의 외부," 한국사회사학회(편), 「사회와 역사」 제103호 (2014), pp. 55-84.

김성욱. "통합진보당 해산심판 청구와 표현의 자유," 서울여자대학교 사회과학연구소(편), 「사회과학논총」 제21집(2014), pp. 305-316.

김승환. "검찰권과 사법권 개혁의 과제," 한국헌법학회(편), 「헌법학연구」 제15권 4호(2009), pp. 135-160.

김승환. "국가와 폭력," 진보평론(편), 「진보평론」 제53호(2012 가을), pp. 280-296.

김영·설문원. "구술생애사 기록을 통해 본 사회운동참여의 맥락 : 밀양 765㎸송전탑건설반대운동에 참여한 여성주민들의 구술생애사 분석을 중심으로," 한국기록학회(편), 「기록학연구」 제44호(2015), pp. 101-151.

김정한. "5·18 광주항쟁 이후 사회운동의 이데올로기 변화," 전남대학교 5.18연구소(편), 「민주주의와 인권」 제10권 2호(2010), pp. 161-190.

김정한. "5·18 무장투쟁과 1980년대 사회운동," 역사문제연구소(편), 「역사문제연구」 제28호(2012), pp. 111-133.

김정한. "5·18항쟁 시기에 일어난 일가족 살인사건 : 전쟁, 학살, 기억," 역사비평사(편), 「역사비평」 제102호(2013), pp. 363-401.

김종현. "통합진보당 해산결정의 몇 가지 쟁점에 대한 연구 : 결정서에 대한 비판적 독해를 중심으로," 한국헌법학회(편), 「헌법학연구」 제21집 3호(2015), pp. 363-405.

김현철. “정당해산심판의 목적 및 해산사유,” 한국헌법학회(편), 「헌법학연구」 제22집 2호(2016), pp. 361－403.

문상석. “일상에서 폭력의 구조화와 제3자로서 국가 다시 보기,” 한국사회이론학회(편), 「사회이론」 제42호(2012 가을/겨울), pp. 149－182.

문채규. “「국가보안법 폐지 후 형법보완론」의 구체적 내용에 대한 형법 이론적 분석 : 열린우리당이 2004년 10월 20일 발의한 형법중 개정법률안을 중심으로,” 부산대학교 법학연구소(편), 「법학연구」 제47집 2호(2007), pp. 251－273.

박기석. “국가폭력범죄와 피해자,” 전남대학교 법률행정연구소(편), 「법학논총」 제32집 2호 (2012), pp. 317－338.

박상식. “국가보안법 제7조의 남용사례와 위헌성에 관한 연구,” 경상대학교 법학연구소(편), 「법학연구」 제21권 4호(2013), pp. 1－30.

박지현. “군사독재시대의 형법학의 자취 : 형법학의 정치학,” 전남대학교 법률행정연구소(편), 「법학논총」 제32권 1호(2012), pp. 257－276.

박홍서. “국가는 왜 주민 보호에 실패하는가? : 조선기 한반도 분쟁과 국가의 반反인민적 행태를 중심 사례로,” 한국정치학회(편), 「한국정치학회보」 제47집 2호(2013. 6), pp. 45－62.

서중석. “6월항쟁의 전개와 의미.” 민주화운동기념사업회 한국민주주의연구소(엮음)·서중석 외(지음), 『6월 민주항쟁 : 전개와 의의』 〔6월 민주항쟁 30주년 기념 연구서〕(파주 : 한울아카데미, 2017), pp. 11－59.

서희경. “‘한계상황의 정치’(politics of extremity)와 민주주의 : 1948년 한국의 여순사건과 국가보안법 관련 논의를 중심으로,” 한국정치학회(편), 「한국정치학회보」 제38집 5호(2004), pp. 7−31.
소병철. "우리는 서로에게 이웃일 수 있는가? : 반폭력의 연대성 구축을 위한 이성적 정치의 모색," 경희대학교 인류사회재건연구원(편), 「OUGHTOPIA」 제29권 1호(2014. 5), pp. 5−32.
손호철. "민주주의와 신자유주의 사이에서 한국 '자유주의정권' 10년의 정치," 민주화운동기념사업회(편), 「기억과 전망」 통권 22호(2010 여름호), pp. 6−37.
송기춘. "반전체주의의 역설," 민주주의법학연구회(편), 「민주법학」 제56호(2014), pp. 6−11.
송기춘. "통합진보당 정당해산심판 사건에 대한 비판적 분석," 민주주의법학연구회(편), 「민주법학」 제56호(2014), pp. 97−135.
송효정. "해방기 감성 정치와 폭력 재현 : 해방기 단편소설에 나타난 공간 미디어와 백색테러," 한국문학이론과 비평학회(편), 「한국문학이론과 비평」 제57집(2012), pp. 321−343.
신명순. "국가와 폭력," 「현상과 인식」 제9권 2호(1985 여름), pp. 79−97.
신명순. "한국정치에 있어 정치시위의 효율성 : 정치시위의 주동세력, 요구내용, 방법 및 대상과 이에 대한 정부의 반응," 한국정치학회(편), 「한국정치학회보」 제16집(1982), pp. 25−44.
신상숙. "1980−90년대 공권력에 의한 성폭력 사건의 젠더정치 : '국가폭력'과 '젠더폭력'의 맥락적 구성을 중심으로," 한국사회사학회(편), 「사회와 역사」 제76호(2007), pp. 227−266.
신진욱. "근대와 폭력," 한국사회학회(편), 「한국사회학」 제38집 4호(2004), pp. 1−31.
신진욱. "사회운동, 정치적 기회구조, 그리고 폭력," 한국사회학회(편), 「한국사회학」 제38집 6호(2004), pp. 219-250.

신진욱. “저항운동과 폭력 : 1960-1980년대 한국에서 권력적 폭력과 노동자 저항행동의 상호작용,” 한국사회학회(편), 「한국사회학회 사회학대회 논문집」(2004), pp. 727-733.

안진. “미군정경찰과 국가폭력 : 억압적 국가기구의 조직과 활동에 대한 역사적 고찰,” 한국사회학회(편), 「한국사회학회 2004년도 특별 심포지움」(2004), pp. 82-102.

여경수. “국가보안법상 이적표현물 소지죄에 대한 위헌성,” 영남대학교 법학연구소(편), 「영남법학」 제40호(2015), pp. 213-230.

오동석. “사상·양심의 자유와 국가안보 : ‘불온할 수 있는 자유’를 옹호함,” 한국헌법학회(편), 「헌법학연구」 제15집 3호(2009), pp. 1-32.

유진식. “국가권력과 인간의 내면세계,” 전북대학교 동북아법연구소(편), 「동북아법연구」 제4집 2호(2010), pp. 187-221.

윤충로. “20세기 한국의 전쟁 경험과 폭력,” 전남대학교 5·18연구소(편), 「민주주의와 인권」 제11권 2호(2011), pp. 239-277.

이강로. “한국에서 진보적 노동운동의 성장과 민주주의 공고화의 진행 : 1990-1999,” 한국정치학회(편), 「한국정치학회보」 제33집 3호(1999), pp. 133-156.

이덕인. “이승만 정권 초기의 사형제도 운용에 대한 평가 : 제주 4·3 사건 및 여순사건을 중심으로,” 경희대학교 경희법학연구소(편), 「경희법학」 제49집 1호(2014), pp. 203-232.

이봉범. “반공주의와 검열 그리고 문학,” 상허학회(편), 「상허학보」 제15호(2005), pp. 49-98.

이성우. “국가폭력에 대한 기억투쟁 : 5·18과 4·3 비교연구,” 경희대학교 인류사회재건연구원(편), 「OUGHTOPIA」 제26권 1호(2011. 4), pp. 63-86.

임지봉. "헌법재판소의 통합진보당 해산결정에 대한 분석과 평가," 숭실대학교 법학연구소(편), 「법학논총」 제33호(2015), pp. 369-387.

장영수. "판례평석判例評釋 : 통합진보당 해산결정의 주요 쟁점-헌재 2014. 12. 19. 2013헌다1 결정에 대한 평석," 법조협회(편), 「법조法曹」제64집 3호(2015), pp. 109-193.

정만희. "정당해산심판의 헌법적 쟁점 : 정당해산심판의 요건과 효과를 중심으로," 한국공법학회(편), 「공법연구」 제42집 3호(2014), pp. 105-140.

정선미. "1949년-1950년 국가보안법 판례분석 : 부산지방법원의 판례를 중심으로," 부경역사연구소(편), 「지역과 역사」 제37호(2015), pp. 183-226.

정태호. "정당해산제도와 국가보안법상의 반국가단체구성죄의 충돌 : 국가보안법 제3조의 위헌성 논증을 중심으로," 전남대학교 법학연구소(편), 「법학논총」 제36권 2호(2016), pp. 7-40.

조현연·김정훈. "진보정치의 위기와 진보의 재구성 : '2012년 통합진보당 사태'를 중심으로," 비판사회학회(구 한국산업사회학회)(편), 「경제와 사회」 제95호(2012), pp. 94-127.

최관호. "이적동조죄의 불법성과 불복종," 민주주의법학연구회(편), 「민주법학」 제56호(2014), pp. 179-203.

최재식. "폭력에 관한 철학적 연구 : 폭력의 파괴성을 넘어서," 한국현상학회(편), 「철학과 현상학 연구」 제19집(2002), pp. 217-247.

최정기. "국가 형성 과정에서의 국가 폭력 : 1948년 이후 구례 지역의 민간인 학살을 중심으로," 한국사회사학회(편), 「사회와 역사」 제68호(2005), pp. 6-36.

한상원. "예외상태의 정치적 존재론 : 슈미트와 벤야민의 예외상태론 논쟁 고찰," 한국철학사상연구회(편), 「시대와 철학」 제27집 4호(2016), pp. 115-149.

한상익·김진영. "통합진보당 해산에 대한 이론적 접근 : 전투적 민주주의론을 중심으로," 조선대학교 동북아문제연구소(편), 「동북아연구」 제30집 2호(2015), pp. 63-92.

한상희. "통치술로서의 정치의 사법화 : 통합진보당사건과 관련하여," 민주주의법학연구회(편), 「민주법학」 제56호(2014), pp. 11-56.

한성훈. "'사찰'국가의 인권침해와 생활세계의 식민화," 역사비평사(편), 「역사비평」 통권 100호(2012. 8), pp. 422-453.

한성훈. "중대한 인권침해와 국가폭력 : 고문조작간첩 피해자의 사회적 고통," 한국사회학회(편), 「한국사회학회 2013 후기 사회학대회 논문집」(2013. 12), pp. 575-589.

황영주. "초기근대국가 형성에서 폭력의 문제," 고려대학교 일민국제관계연구원(편), 「국제관계연구」 제15권 2호(통권 제29호) (2010 가을호), pp. 221-251.

Aya, Rod. "Popular Intervention in Revolutionary Situations," Charles Bright and Susan Harding, eds., *Statemaking and Social Movements : Essays in History and Theory* (Ann Arbor, MI.: The University of Michigan Press, 1984), pp. 318-343.

Barry, Brian. "Power : an Economic Analysis," Brian Barry, ed., *Power and Political Theory : Some European Perspectives* (London : John

Wiley, 1976), pp. 67–101.

Bright, Charles., and Susan Harding. "Processes of Statemaking and Popular Protest : an Introduction," Charles Bright and Susan Harding, eds., *Statemaking and Social Movements : Essays in History and Theory* (Ann Arbor, MI.: The University of Michigan Press, 1984), pp. 1–15.

Edwards, Alice., and Carla Ferstman. "Humanising Non-Citizens : the Convergence of Human Rights and Human Security," Alice Edwards and Carla Ferstman, eds., *Human Security and Non-Citizens : Law, Policy and International Affairs* (Cambridge : Cambridge University Press, 2010), pp. 3–45.

Wells, Kenneth M. "The Cultural Construction of Korean History," Kenneth M. Wells, ed., *South Korea's Minjung Movement : the Culture and Politics of Dissidence* (Honolulu, HW.: University of Hawai'i Press, 1995), pp. 11–29.

학위논문

김대현. "국가보안법 제정 배경과 법조프락치 사건," 연세대학교대학원 사학과 석사학위논문(2012).

김성민. "이승만 정권 초기의 반공국가 만들기(1948년 정부수립–1950년 한국전쟁이전)," 전남대학교 교육대학원 교육학과 역사교육전공 석사학위논문(2012).

김장민. "좌파정당과 노동조합의 관계에 관한 연구 : 민주노동당과 민주노총의 관계를 중심으로," 경상대학교 대학원 정치경제학과 정치학

박사학위논문(2017).
김정한. "대중운동의 이데올로기 연구 : 5·18 광주항쟁과 6·4 천안문운동의 비교," 서강대학교 대학원 정치외교학과 박사학위논문(2010).
김학재. "정부수립후 국가감시체계의 형성과정 : 1948-1953, 정보기관과 국민반, 국민보도연맹의 운영사례," 서울대학교대학원 언론정보학과 석사학위논문(2004).
박미옥. "국가안전보장 개념의 기능적 변화에 관한 연구," 고려대학교 교육대학원 일반사회교육전공 법학전공 석사학위논문(2007).
박현주. "한국 이행기 정의의 딜레마 : 세 가지 사례의 의문사 진상규명 과정을 중심으로," 성공회대학교대학원 사회학과 박사학위논문(2015).
변무웅. "한국 헌법상의 정당해산제도에 관한 연구 : 그 법리와 요건을 중심으로," 한양대학교 대학원 법학과 석사학위논문(1985).
안효승. "우리나라의 위헌정당해산제도에 관한 연구," 부산대학교 대학원 법학과 석사학위논문(2016).
은희송. "통합진보당 해산에 관한 연구," 목포대학교 대학원 정치외교학과 정치학석사학위논문(2016).
이대영. "정책변동 요인에 관한 연구 : 국가보안법 개정과정을 중심으로," 경희대학교대학원 행정학과 박사학위논문(2010).
이용선. "국가보안법 제7조에 관한 연구 : 제정배경, 해석 그리고 적용의 한계를 중심으로," 연세대학교 행정대학원 경찰·사법행정전공 석사학위논문(2016).
이택선. "취약국가 대한민국의 형성과정(1945-50년)," 서울대학교대학원 외교학과 박사학위논문(2012).

이헌만. “국가보안법의 정치형법적 특성에 관한 연구,” 동국대학교대학원 공안행정학과 석사학위논문(2001).

이헌환. “정치과정에 있어서의 사법권에 관한 연구 : 한국헌정사를 중심으로,” 서울대학교 대학원 법학박사학위논문(1996).

이혜영. “제1공화국기 자유당과 ‘이승만 이후’ 정치 구상,” 이화여자대학교대학원 사학과 박사학위논문(2015).

조현연. “한국 정치변동의 동학과 민중운동 : 1980년에서 1987년까지,” 한국외국어대학교 대학원 정치외교학과 박사학위논문(1997).

정원옥. “국가폭력에 의한 의문사 사건과 애도의 정치,” 중앙대학교 대학원 문화연구학과 문화이론전공 박사학위논문(2014).

채병용. “국가보안법의 존폐론에 관한 연구,” 창원대학교 행정대학원 사법행정학과 사법행정전공 석사학위논문(2003).

허정선. “국가보안법 제7조의 통시적 고찰 : 미국연방 대법원 판례와의 비교를 중심으로,” 이화여자대학교 정책과학대학원 언론홍보학과 석사학위논문(2000).

홍덕호. “국가폭력을 방지하기 위한 형사법 정비방안 : 인혁당재건위 사건을 중심으로,” 성균관대학교대학원 법학과 석사학위논문(2013).

Yun, Seongyi. “Politics of Democratization in South Korea : Social Movements and Their Political Opportunity Structures,” Dissertation Paper, The Ohio State University(1997).

보고서

경찰청(편). 「과거사진상규명위원회 조사결과보고서·선거개입관련」(서울 : 경찰청, 2007).

경찰청(편). 「과거사진상규명위원회 조사결과보고서·시민단체주장 간첩 조작 의혹사건 현황」(서울 : 경찰청, 2007).

경찰청(편). 「과거사진상규명위원회 조사결과보고서·용공조작 의혹관련」(서울 : 경찰청, 2007).

국정원과거사건진실규명을통한발전위원회(편). 「과거와 대화·미래의 성찰 : 국정원 「진실위」 보고서·총론(1)」(서울 : 국가정보원, 2007).

국방부과거사진상규명위원회(편). 「과거사진상규명위원회 종합보고서」 제2권·8개 사건 조사결과 보고서(상) (서울 : 국방부과거사진상규명위원회, 2007).

국방부과거사진상규명위원회(편). 「과거사진상규명위원회 종합보고서」 제3권·8개 사건 조사결과 보고서(하) (서울 : 국방부과거사진상규명위원회, 2007).

국방부과거사진상규명위원회(편). 「보안사 민간인 사찰사건 조사결과보고서」(서울 : 국방부과거사진상규명위원회, 2007).

민주화실천가족운동협의회(편). 「양심수문제를 중심으로 본 1998 인권실태보고서」(서울 : 민주화실천가족운동협의회, 1999).

진실·화해를위한과거사정리위원회(편). 「진실화해위원회 종합보고서」 I·위원회의 연혁과 활동, 종합권고 (서울 : 진실·화해를위한과거사정리위원회, 2010).

인터넷

http://archives.kdemo.or.kr/isad/view/00850419

https://ko.wikipedia.org/wiki/5%C2%B718_%EA%B4%91%EC%A3%BC_%EB%AF%BC%EC%A3%BC%ED%99%94_%EC%9A%

B4%EB%8F%99#cite_note-47
https://ko.wikipedia.org/wiki/%ED%86%B5%ED%95%A9%EC%A7%84%EB%B3%B4%EB%8B%B9_%ED%95%B4%EC%82%B0%EC%8B%AC%ED%8C%90_%EC%82%AC%EA%B1%B4
http://www.newstown.co.kr/news/articleView.html?idxno=285676
http://news.khan.co.kr/kh_news/khan_art_view.html?artid=201705151857001&code=940100#csidxe68a37fc802df42a1721b797d8ee085
http://cafe.naver.com/bohunstar/26011

찾아보기

ㅂ

ㅅ

ㅊ

ㅋ

ㅌ

ㅍ

ㅎ

국가는 폭력이다

– 법은 권력을 위해 어떻게 복무하는가

발행일 1쇄 2018년 7월 21일

지은이 박종성

펴낸이 여국동

펴낸곳 도서출판 인간사랑

출판등록 1983. 1. 26. 제일 – 3호

주소 경기도 고양시 일산동구 백석로 108번길 60 – 5 2층

물류센타 경기도 고양시 일산동구 문원길 13 – 34(문봉동)

전화 031)901 – 8144(대표) | 031)907 – 2003(영업부)

팩스 031)905 – 5815

전자우편 igsr@naver.com

페이스북 http://www.facebook.com/igsrpub

블로그 http://blog.naver.com/igsr

인쇄 인성인쇄 **출력** 현대미디어 **종이** 세원지업사

ISBN 978 – 89 – 7418 – 382 – 0 93300

* 책값은 뒤표지에 있습니다. * 잘못된 책은 바꿔드립니다.

이 도서의 국립중앙도서관 출판시도서목록(CIP)은 서지정보유통지원시스템 홈페이지(http://seoji.nl.go.kr)와 국가자료공동목록시스템(http://www.nl.go.kr/kolisnet)에서 이용하실 수 있습니다.(CIP제어번호: CIP2018017943)